Keep Cool

Tips für gestreßte Eltern

LEE EZELL

Dynamis Verlag

Originaltitel: Pills for Parents in Pain
Erschienen bei WORD PUBLISHING,
Dallas-London-Vancouver-Melbourne

1. Auflage 1994

ISBN 3-85645-104-8
Best. Nr. 307104

Übersetzung: Arnold Sperling-Botteron
Bibeltexte: Die Gute Nachricht
Umschlaggestaltung: bix-grafik, CH-8872 Weesen
Gesamtherstellung: Jordi AG, CH-3123 Belp

Printed in Switzerland

Inhalt

Vorwort

Ich erinnere mich noch gut, wie ich als Teenager dachte: »Meine Eltern sind wirklich Spitze. Wie bringen sie es nur fertig, daß sie jederzeit wissen, wie sie sich verhalten müssen? Sie wissen immer genau, wann es richtig ist, uns zu loben oder uns zur Rede zu stellen, oder wann es angebracht ist, ernst oder fröhlich zu sein.« Ich empfand in der Tat echten Respekt vor dem ganzen Erziehungsprozeß mit all seinen Schwierigkeiten wie auch mit all seinen Freuden.

Ich weiß noch sehr gut, als ich unser erstes Kind, Susanne, in meinen Armen hielt und mich fragte: »Wie soll ich nur wissen, wann der rechte Moment ist, es zu ermutigen oder zu strafen, mit ihm zu lachen oder es zu korrigieren?« Ich fühlte mich beinahe überfordert von der schweren und doch auch großartigen Aufgabe, ein Menschenkind zu erziehen, das eine kostbare Seele sein eigen nennt.

Inzwischen sind unsere Kinder alle aus der Schule, sind erwachsen geworden und stehen jetzt selber im Begriff, das Leben anderer Menschen zu beeinflussen. Bill und ich stellen uns mittlerweile die Frage, ob wir nicht von ihnen mehr gelernt haben, als wir ihnen beigebracht haben. Auf jeden Fall festigt sich in uns - bei allem Bewußtsein unserer Verantwortung, die wir vor Gott und füreinander tragen - die Überzeugung, daß wir alle, heute und immerfort, im »Werden« sind.

In einer Zeit, in der Kindsmißhandlung, aber auch Verächtlichmachung der Eltern, immer mehr an der Tagesordnung sind, wirkt es wie eine erfrischende Brise, wie Lee Ezell es versteht, gestreßten Eltern wirklichkeitsnahe, biblische Ermutigung zu vermitteln. Viele von ihnen haben selbst keine problemlose Erziehung genossen und sind weit davon entfernt, ihren eigenen Kindern eine solche angedeihen zu lassen. Das daraus resultierende Gefühl von Schuld, Scham, Enttäuschung und Verzweiflung kann uns lähmen und uns blind machen für die guten Dinge, die Gott für die Familie bereithält - Heilung, Hoffnung und eines Tages auch sogar - ein Stück Himmel!

Gloria L. Gaither

Einleitung

Liebe Eltern, ohne Zweifel habt ihr heute eine Verschnaufpause verdient. Ich habe vollstes Verständnis für ein solches Bedürfnis und hoffe, wir schaffen es, auf den folgenden Seiten gemeinsam solche Dinge wie Erschöpfung, Frustration und vielleicht sogar elterliches Versagen in den Griff zu bekommen.

Dieses Buch soll euren Schmerz lindern helfen und euch aufmuntern; es soll dazu beitragen, den elterlichen Kummer erträglicher zu machen. Deshalb soll das, was ich geschrieben habe, auch kein Leitfaden für Kindererziehung sein. Von solchen Büchern gibt es ohnehin genug. Bestimmt können wir von den Einsichten und Erkenntnissen der Erziehungsexperten profitieren. Aber wir wollen es getrost Kinderpsychologen (Gott sei Dank gibt es auch sie!) überlassen, uns über Kindererziehung und Familienförderung aufzuklären.

Das Nachfolgende ist hingegen so etwas wie meine eigene, praxisbezogene Schützengraben-Perspektive, wie ich sie sowohl als Mutter wie auch als Stiefmutter erlebe.

- Im folgenden werden dir etliche Mega-Vitamine zugeführt, die deine müden Lebensgeister wieder munter machen.
- Deiner angefochtenen Seele werden ein paar ganz spezielle Injektionen verabreicht, die dir zutiefst in deinem Innern guttun werden.
- Eine Ermutigungstherapie wird deinem betrübten Herzen wieder Mut einflößen.
- Das Angebot umfaßt auch eine Präventivtherapie zur Verhütung zukünftiger Verzweiflungsanfälle.

Was ich schreibe, stützt sich auf persönliche Lebenserfahrungen sowie auf jahrelange seelsorgerliche Beratung von Eltern, die sich mit verschiedensten Problemen konfrontiert sahen. Auch manche meiner bevorzugten biblischen Prinzipien habe ich in das Geschriebene einfließen lassen. Ich hoffe aufrichtig, daß dir die Lektüre dieses Buches eine tiefgreifende Heilungserfahrung vermitteln kann.

Der Inhalt richtet sich an jegliche Art von Elternschaft, sei es leibliche Elternschaft, Stiefelternschaft oder Adoptivelternschaft, sei es alleinerziehende oder gemeinsam-ehepartnerschaftliche Verantwortung. Man denke dabei aber bitte nicht an einen Leitfaden etwa nach dem Schema »Erfolgreiche Kindererziehung«, sondern lieber an die Frage »Wie überlebe ich meine Erziehungsaufgabe«.

Es ist einfach unmöglich, den Prozeß der Kindererziehung ohne den Reueschmerz über begangene Fehler zu überstehen - das ist ebenso unmöglich, als wollte man eine Schwangerschaft durch eine rückwirkende Geburtenkontrolle ungeschehen machen! Immerhin haben die meisten von uns ihr Bestes getan oder versuchen es wenigstens immer noch. Und auch wenn wir wirklich über uns selbst enttäuscht sind, bleibt Gott doch treu und bietet uns seine Vergebung und Hilfe an.

Dieses Buch enthält aufmunternde Worte für Eltern, deren emotionelle Wetterlage nicht gerade mit »schön und mild« zu bezeichnen ist und die befürchten, es könnte sich am Horizont ein Sturm zusammenbrauen. Manche von uns Eltern, deren Kinder noch im Vorschulalter stehen, sind bereits mit ernsthaften Problemen konfrontiert. Andere haben sich mit launenhaften Pubertierenden auseinanderzusetzen oder mit dem, was ich als das »Verlorene Sohn«-Syndrom bezeichnen möchte. Und wieder andere haben »Bumerang-Kinder«, die doch immer wieder den Weg zurück nach Hause finden. Laßt uns daran denken, daß niemand von uns Kinder erzieht, die achtzehn Jahre lang dieselben sind. Es ist nun einmal so: Unsere Jungen und Mädchen bleiben tatsächlich nicht während achtzehn Jahren die gleichen.

Das bloße Durchlesen dieses Buches allein bietet dir noch keine Garantie dafür, daß du nach dem letzten Kapitel von allem seelischen Streß wirklich geheilt bist. Aber als Mutter, die selber viele Fehler gemacht hat, weiß ich auch, daß eigener Schmerz gelindert wird, wenn andere ihren Schmerz mit uns teilen. Aber vor allem hoffe ich, daß das, was ich geschrieben habe, dich daran erinnert, daß der große göttliche Arzt eine wunderbare Herzverpflanzung vorzunehmen vermag - er kann dir ein neues, von Zukunfshoffnung erfülltes Herz geben.

Die Müllers haben noch gar nicht richtig mitbekommen, daß sie ihr Heim für ein komplett fremdes Wesen geöffnet haben, das einen großen Teil ihrer irdischen Lebenssubstanz für sich beansprucht...

Kapitel 1

Gestreßte Eltern

Allgemeine Symptome

Es ist Muttertag. Falls deine Kinder noch nicht alle von zu Hause ausgeflogen sind, wird dir eines von ihnen wahrscheinlich dein Frühstück ans Bett bringen. (Aber Achtung vor dem kochendheißen Kaffee und vor dem steinharten Toast - was alleine zählt, ist die gute Absicht!) Wahrscheinlich ziert euren TV-Boy eine Handvoll nicht mehr ganz taufrischer Löwenzahnblumen und daneben eine gefaltete Papierserviette, auf der sorgfältig mit fetter Rotstiftschrift geschrieben steht: »Ich hab' Dich lieb, Mama!«

Sind deine Sprößlinge bereits erwachsen und flügge geworden, sehen sie dich vielleicht im Gottesdienst - natürlich in der stillen Hoffnung, daß du dich über ihr religiöses Interesse freust. Nach mehr dösend als aufmerksam überstandener Stunde im Gotteshaus laden sie dich in ein Restaurant ein, wo sie dir ein weiteres Mal exakt jenes Parfum als Geschenk präsentieren, das du schon benutztest, als sie erst zehn waren. (Aber wie willst du ihnen beibringen, daß es bereits Dekaden her sind, seit du es das letzte Mal verwendet hast?) Tatsache ist, daß nur vom Glück begünstigte Mütter in den Genuß solcher Art liebevoller Gesten gelangen - jene Mütter, die von ihren Kindern immer noch in Ehren gehalten werden.

Manche Mütter machen da ganz andere Erfahrungen. Eine meiner Bekannten verbrachte letztes Jahr den Muttertag ohne einen Anruf oder auch nur eine Karte von ihrer Tochter, nur weil deren Psychiater ihr geraten hatte, sie solle eine Zeitlang von ihrer Mutter »time out« nehmen. »Time out« wovon? hatte sich die arme Frau den ganzen Tag lang gefragt. Gelten denn für das Muttersein die gleichen Regeln wie für Basketball?

Eine weitere Bekannte verbringt den Muttertag Jahr für Jahr in ihrem Altersheim mit zwei Blumensträußen, die ihr ihre zwei Kinder durch ein Blumengeschäft schicken. Obwohl die Kinder nicht weiter als eine gute Autostunde von der Mutter entfernt wohnen, lassen sie sich nicht einmal von diesem Ehrentag der Mutter zu einem persönlichen Besuch bei ihr inspirieren. Anscheinend haben sie den Werbespruch »Laß Blumen sprechen« allzu ernst genommen ...

Gedanken im stillen

Ob Muttertag oder nicht, bei Gelegenheit ertappen wir uns alle dabei, daß wir ins Grübeln verfallen über Fragen wie: »Was habe ich falsch gemacht?« Wir müssen der nüchternen Wirklichkeit ins Auge schauen: Die Zeiten der romantischen Familienidylle sind vorbei.

Ich erinnere mich an Momente, da hätte ich in den Zimmern meiner Teenager am liebsten ein Schild innen an der Tür angebracht: »Mit 18 Zimmer räumen«, oder vielleicht besser noch mit folgendem Wortlaut:

Kinder:
Die Nase voll von Euren dummen Eltern,
die Euch ständig auf die Nerven gehen?
Okay, zieht aus ...
Besorgt Euch einen Job ...
Bezahlt Eure Rechnungen selber ...
Schreitet zur Tat - solange Ihr noch alles besser wißt!

Aber wann können wir Eltern ausziehen? Wann haben wir Feierabend? Die Antwort lautet natürlich: nie. Wir haben immer Dienst, stehen immer auf Pikett, sind immer verfügbar bis zum Geht-nicht-Mehr. Wo bekam ich bloß die Idee her, daß die paar Jahre bis zum 18. Geburtstag unserer Kinder schnell vergehen würden? Natürlich denken manche von uns gerne an die Zeit um achtzehn herum zurück. Das waren noch die guten alten Tage!

Hal und ich hatten an einem Elternabend gerade einen Vortrag für gestreßte Eltern gehalten. Da trat ein kräftiger, gutaussehender Mann auf uns zu. Es war unmöglich zu übersehen: er war der reinste Inbegriff von Fitness. Wie wir später erfuhren, war er Sportler, Mitglied der berühmten Los Angeles Rams. Dieser gestreßte Vater klagte uns sein Leid und seine Enttäuschung über seine beiden Söhne.

»Mir gehen im Kopf immer wieder Fragen herum wie: Wo habe ich was verkehrt gemacht ... Warum verhalten sie sich auf diese Weise ... Wann wird das endlich einmal aufhören?« Ich hörte ihm voller Mitgefühl zu, während ich mich fragte, worin denn genau sein Problem mit den Kindern bestand. Sexparties? Aggressivität? Drogenabhängigkeit?

Mitfühlend lächelnd wollte ich von ihm wissen: »Wie alt sind Ihre Söhne?«

»Fünf und sieben«, seufzte er.

Hal und ich tauschten einen ungläubigen Blick. Wir brachten es einfach nicht übers Herz (nicht einmal aus christlicher Nächstenliebe), ihm zu sagen: »Oh, guter Mann, Sie stehen ja erst am Anfang!«

Das erinnerte mich an ein farbiges Poster, das mir einmal in die Augen gesprungen war:

Erleben Sie eine dramatische Verbesserung
im Verhalten Ihres Kindes!
Hören Sie die 1-2-3 Magic Kassetten,
die Ihre häusliche Atmosphäre verwandeln wird!
Keine Streitereien mehr. Kein Ärger mehr.
Nur noch Positives!

Gerade wollte ein Hoffnungsschimmer in meinem Herzen aufkommen, als mein Blick auf das Kleingedruckte fiel: »Alter 2 bis 12«. Dummerweise waren meine Sprößlinge schon zu alt dafür, wenigstens für eine solche Art von Zauber. Sie hatten bereits in die »Kodak-Generation« hinübergewechselt - sie waren überbelichtete und unterentwickelte Teenies ...

Die Wahrheit sieht im Grunde genommen so aus:

Schmerzlicher Streß im Verhältnis zwischen jung und alt kennt keine Altersgrenzen, weder für die Eltern noch für die Kinder. Da gibt es kein Herauswachsen und auch kein Verschontwerden. Mütter insbesondere scheinen eine tiefsitzende Intuition zu besitzen, die ihnen einfach sagt: Irgend etwas entwickelt sich falsch; etwas läuft schief; jetzt ist etwas Ungutes passiert - und so ähnlich. Solche Empfindungen gehören so untrennbar zu uns wie unser Herz selber.

Das »Schwarze Peter«-Spiel

Im Gefolge solcher »Sachen, die schiefgelaufen sind«, stellen sich Eltern unweigerlich die berühmten Fragen, auf die es keine Antwort gibt:

»Warum, o Gott? - Was, wenn ...? - Wie konnte es nur dazu kommen? - Warum gerade ich? - Wo habe ich versagt?«

Eltern, die sich abmühen mit Kindern, die einen starken Willen oder eine aufsässige Art haben, neigen ganz besonders dazu, daß sie glauben, auf jeden Fall irgendwo versagt zu haben. Solche Eltern haben Tausende von Machtkämpfen hinter sich. Sie haben unzählige Bestrafungsmethoden ausprobiert, nur um meistens festzustellen, daß nicht eine einzige davon wirklich etwas genützt hat. Sie haben (im stillen oder nicht) das Schlimmste für ihr Kind erwartet, bis hin zu Gefängnis, unerwünschter Schwangerschaft oder Drogensumpf. Traurig, aber wahr, daß manche unter ihnen tatsächlich erleben mußten, wie sich ihre schlimmsten Befürchtungen bewahrheiteten. Und dann beginnt das Spiel, das ich als das »Schwarze Peter«-Spiel bezeichnen möchte. Wir geben die Schuld

- dem unfähigen, sturen Lehrer
- dem Jugendprogramm in der Kirchgemeinde
- den Nachbarskindern mit ihrem verderblichen Einfluß
- dem Chef, der uns Überstunden machen ließ
- der Firma, die von uns einen zu häufigen Wohnortswechsel verlangte

- dem Ehepartner, der sich nie um die Kinder so gekümmert hat wie ich

Cathy gehört zu jener Art von Müttern, die ihre Kinder stillen, bis sie beinahe alt genug sind, um sich selber Sandwiches zu machen. Noch die längste Zeit bereitete sie mit Hilfe ihrer Küchenmaschine Babynahrung ausschließlich aus Naturprodukten zu und ließ nie einen Babysitter in ihre Nähe kommen, bis Justin und Carrie drei bzw. vier Jahre alt waren.

Carrie, ihre blondhaarige, braunäugige Tochter war immer ein Engel gewesen, sanft und friedliebend wie ihre freundliche Mutter. Mit Justin hingegen verhielt es sich ganz anders. Seit dem Tage seiner Geburt schrie er, schlug um sich und funkelte mit den Augen. Kaum daß er richtig laufen konnte, bereicherte er seine Sammlung von »Kontrollwaffen« mit Schimpfwörtern. Die arme Cathy verabscheute Konfrontationen sogar noch mehr, als sie Justins Ausbrüche haßte. Jim, ihr Mann, glich in seinem Temperament Justin so sehr, daß ihre Auseinandersetzungen etwas Explosives und Erschreckendes an sich hatten. Manchmal grenzten Jims Vorstellungen von körperlicher Züchtigung tatsächlich an körperlicher Mißhandlung.

Je älter Justin wurde, desto schlimmer wurde es mit ihm. Psychologen wurden zu Rate gezogen, Tests wurden durchgeführt, Lehrer um Mithilfe gebeten, aber alles half nichts.

Carrie ist bis zum heutigen Tag ein Engel geblieben. Justin, jetzt im Teenageralter, hat inzwischen bereits mehrmals mit der Polizei zu tun gehabt. Er ist aus der Privatschule geflogen, hat auch in der öffentlichen Schule Probleme bekommen, und Cathy und Jim erwägen nun als mögliche Lösung die Einweisung in ein Internat. Wenn man Cathy nach Carrie fragt, lächelt sie. Fragt man sie nach Justin, seufzt sie und rollt resigniert die Augen.

Wer trägt die Schuld an Justins Problemen? Gott allein weiß es.

Sehr oft handelt es sich bei gestreßten Eltern um echt motivierte Väter und Mütter, die wie Cathy mit Begeisterung an ihre Erziehungsaufgabe herangegangen sind. Vielfach hat ihnen ein ziemlich idealistisches Familienleben vorgeschwebt.

Wenn du zur Kategorie der gestreßten Eltern gehörst, dann bist du höchstwahrscheinlich ein Mensch, dem es mit der Vater- bzw. Mutterrolle wirklich ernst gewesen ist. Darum ist es auch nicht verwunderlich, wenn uns das elterliche Unbehagen, das uns beschleicht, so Mühe bereitet. Wir empfinden den Schmerz in demselben Maß, wie wir lieben. Und das Maß unserer Liebe zu unseren Kindern ist groß, echt groß.

Wie die Eltern, so das Kind

Kommt uns dieser Klang nicht irgendwie vertraut vor: »Du wirst schon sehen - eines Tages hast du selber Kinder«?

Genau, es sind die Worte deiner Mutter. Oder deines Vaters. Oder ärger noch - die Worte, die beiden unisono über die Lippen kamen, als sie dich über den Eßtisch hinweg vorwurfsvoll anblickten. »Ich hoffe nur, daß du dich eines Tages daran erinnerst, was du uns antust. Ich hoffe, deine eigenen Kinder werden dir einmal so weh tun, wie du uns weh tust!«

Unwillkürlich duckt sich die Seele in uns beim Echo dieser Worte. Waren sie so etwas wie eine gespenstische elterliche Prophetie, die nun vor unseren Augen Wirklichkeit wird? Ernten wir jetzt schließlich all das, was wir damals vor Jahren gesät haben? Eine rasche Bestandesaufnahme früherer Vorfälle verschafft uns nicht gerade Trost, wenn wir an unser mehr oder weniger fragwürdiges Verhalten von damals denken.

Jede frustrierte Mutter und jeder frustrierte Vater sucht in den eigenen Erfahrungen aus der Zeit ihres Heranwachsens nach möglichen Erklärungen. Doch es ist keineswegs so, daß gestreßte Eltern jetzt die Folgen eines Fluches erleben, den irgendeine frühere verflixte Erfahrung über sie gebracht haben könnte. Nicht wenige Eltern, die heute mit Erziehungsproblemen kämpfen, sind Musterkinder gewesen, die ihren eigenen Mamas und Papas kaum nennenswerte Schwierigkeiten bereitet haben. Trotzdem, ein Blick zurück ist wahrscheinlich ganz in Ordnung. Inwiefern hat die Art und Weise, wie unsere Eltern uns erzogen haben, uns als Erwachsene beeinflußt?

Wenn ich an das Rollenmuster denke, das ich von meinen

Eltern mitbekommen habe, hätte ich tatsächlich befürchten müssen, daß meine eigenen Kinder mit einer Roger-Staub-Mütze mit Sehschlitz über dem Kopf aufwachsen und Ladeneinbrüche verüben würden. Beherrschte ich den Psychojargon, könnte die Beschreibung meiner Teenagerzeit etwa so lauten:

»Ich bin das in einem Abhängigkeitsverhältnis stehende erwachsene Kind eines Alkoholikers, milieugeschädigt und in der Rekonvaleszenzphase. Mein inneres Kind wurde mir anscheinend stibitzt.«

Meine Mutter lebt noch; und obwohl jetzt sehr schwach, bleibt sie mir in Erinnerung als eine kräftige, in den Dreißigern stehende Frau eines gewalttätigen Trinkers. Sie baute eine Schutzmauer um sich herum auf, um den seelischen Verletzungen zu entgehen, die ihr Mann ihr zufügte. Doch diese »Große Mauer« hielt auch alle ihre fünf Kinder auf eine ungemütliche Distanz. Zugänglich und verletzlich sein war für sie viel zu riskant, und außerdem hinderte sie ihr eigenes Alkoholproblem an einer intimeren Kommunikation.

Mit den Jahren wurde der Abwehrpanzer von Mutter undurchdringlich, und dies machte aus ihr, im Verein mit ihrer deutschen Abstammung, eine wahre Festung. Von liebevoller gegenseitiger Fürsorge fand sich in unserer Familie fast keine Spur. Um so besser verstanden wir uns auf defensive Überlebenstaktiken.

Meine frühsten Kindheitserinnerungen bestehen aus Szenen, die eine Familie auf der panischen Suche nach einem Versteck zeigt, wenn mein bösartiger Vater die Treppe von seinem trostlosen Parterrezimmer heraufgepoltert kam. Nach körperlichen Mißhandlungen, lautem Schreien und Weinen versuchte dann jemand von uns, mit Hilfe des Telefons die Polizei um Hilfe herbeizurufen. Rauhe Sprachsitten und Wutausbrüche waren bei uns an der Tagesordnung. Solche Szenen ereigneten sich nur allzuoft in unserer Familie, die mitten in der City von Philadelphia ansässig war.

Ich war als Kind sehr nachgiebig, ohne Zweifel eine Folge meiner Angst vor Züchtigung. Doch ein sich immer mehr entwickelnder Sinn für Humor und später auch eine glaubensmäßige Erfahrung ließen in mir die Hoffnung aufkommen, daß sich mein eigenes zukünftiges Familienleben anders gestalten würde, egal, wie unerfreulich das Verhältnis meiner Eltern zueinander war.

Die Gewißheit, daß ich meine Vergangenheit hinter mir lassen konnte, stellte sich bei mir ein, als ich unversehens in eine religiöse Versammlung geriet und Dinge hörte, die mir absolut neu waren. Der Name des Predigers war Billy Graham, und was er sagte, ließ mich mit einem neuen Freund bekannt werden, mit einem, der bereit war, meine Kämpfe und meinen Schmerz mit mir zu teilen. Jener Abend, an dem ich mich ganz schlicht Christus übergab, schuf in mir die Überzeugung, daß ich nicht mehr allein war. Endlich hatte ich einen wirklichen Vater, und ich war bereit, ihm auch für die Erziehungswege zu vertrauen, die er mit mir gehen wollte.

Schmerzen aus der Vergangenheit

Doch die Heilung von Auswirkungen der Vergangenheit geschieht nicht über Nacht. Gott ist kein Zaubergott wie im Märchen, der »heile, heile« sagt, und alles ist wie auf magische Weise verschwunden. Statt dessen leitet er mit großem Können und unendlicher Geduld einen Prozeß der Neuerziehung ein. Leider gibt es nur wenige unter uns, die das nicht brauchen. In Amerika stammen heute 94 Prozent aus Familien, die in irgendeiner Weise geschädigt sind. Das heißt im Klartext, daß nur 6 Prozent von uns von ihren Eltern alles mitbekommen haben, was sie für das Leben brauchen.

Ich bin mir ganz sicher, daß die Heilung meiner Seele dann anfing, als ich bereit war zu vergeben. Ganz oben auf meiner langen Liste standen die Namen meiner Eltern - es war eine persönliche Bestandesaufnahme von jenen Personen, denen ich unbedingt vergeben mußte. Ich glaube, der Vergebungsprozeß ist wichtig genug, »daß sich die Mühe lohnt, unseren Willen mit einem entschlossenen Ruck zu jenem gewissen Punkt des schmerzlichen Gehorsams zu bringen«, wie Karen Burton sich ausdrückt. Es liegt an uns, Gottes Vaterrolle in unserem Leben zu akzeptieren und von ihm Vergebung anzunehmen (so wie wir unseren Eltern vergeben, die an uns gesündigt haben). Dann wird der Weg für die Heilung der Gefühle frei und der Prozeß kann beginnen - bei uns allen!

Es gibt da gewisse Leute, die auf der Basis einer Mann-zu-Mann-Evangelisation potentielle Bekehrte mit den Worten begrüßen: »Haben Sie gewußt, daß Gott Sie liebt und einen wunderbaren Plan für Ihr Leben hat?« So lächerlich ist das gar nicht, denn es entspricht durchaus der Wahrheit! Gott hat wirklich einen wunderbaren Plan für jeden von uns, einen Plan, den er auch durchführen möchte - trotz den Fehlern, die wir als Eltern gemacht haben. Die Bibel sagt uns klar und deutlich, worin Gottes Strategie besteht:

Ich will euer Glück und nicht euer Unglück. Ich habe im Sinn, euch eine Zukunft zu schenken, wie ihr sie erhofft. (Jeremia 29,11)

Gott unterstreicht in Matthäus 7,11 die Zuständigkeit und Gültigkeit seiner Vaterrolle. Wenn wir als irdische Eltern unseren Kindern »gute Gaben« zu geben vermögen, wird er als unser Vater im Himmel uns nicht alles geben, was wir brauchen?

Wenn wir zurückschauen, entdecken wir bei uns wahrscheinlich ungesunde Verhaltensmuster, die wir in der Kindheit von unseren Eltern übernommen haben. Was die Gegenwart betrifft, können wir vielleicht eine gute Portion Vergebung gebrauchen - von unseren Eltern, von uns selbst, von unseren Söhnen und Töchtern. Und wenn wir an die Zukunft denken, so gibt uns die Hoffnung Kraft - die Hoffnung auf Gottes »guten Plan«. Wir dürfen voller Zuversicht sein, daß Gott alle Möglichkeiten besitzt, Dinge in unserem Leben zu tun, die besser sind als alles, was wir erbitten oder uns vorstellen können!

Ausgebrannt sein - das schmerzt

Daß Eltern in ihrer Elternrolle ausgebrannt sind, gehört zu den Streßformen der neunziger Jahre. Mindestens 50 Prozent der Eltern lernen wenigstens die ersten Phasen des Ausgebranntseins kennen. Und gerade diejenigen Väter und Mütter, die sich am meisten Mühe mit ihrer Elternrolle geben, empfinden diese Phasen am stärksten. Vielleicht kommen dir die folgenden Phasen des elterlichen Ausgebranntseins aus persönlicher Erfahrung bekannt vor:

1. Begeisterungsphase. In dieser Phase glauben hingebungsvolle, etwas blauäugige Eltern doch tatsächlich, sie seien für das Glück ihrer Kinder absolut unentbehrlich. Eltern sein, das ist ihr ganzes Leben. Sie geben vieles auf, nur um sich ganz auf ihre Kinder konzentrieren zu können. Mit hochfliegenden Erwartungen und unermüdlicher Energie nehmen sie die Herausforderung der Elternschaft an.

2. Zweifelsphase. Sie stellen bei ihren Kindern beunruhigende Tendenzen und Verhaltensweisen fest und bekommen immer mehr das Gefühl, daß sie etwas falsch machen. Nur allzu rasch ziehen sie daraus den Schluß, ihre Erziehungsversuche trügen die Schuld an der mit einem Mal auftretenden Verschlechterung der Familienatmosphäre. In dieser Zweifelsphase werden Eltern nicht selten von Schuldgefühlen heimgesucht. Gerade in dieser Verfassung sollten sie sich davor hüten, Zuflucht zu nehmen zu ungesunden »Schmerztötern«, die tatsächlich Abhängigkeitserscheinungen zur Folge haben können.

3. Erdrückungs- und Rückzugsphase. In dieser Phase fühlen sich die Eltern beinahe erdrückt von der mühseligen Alltagsaufgabe, ein undankbares Kind immer wieder beschwichtigen zu müssen. Mittlerweile ist aus hochfliegenden Erwartungen, die sich nicht erfüllt haben, ein Gefühl vergeblicher Aufopferung, ja sogar des Märtyrertums geworden. In finanzieller Hinsicht gilt jetzt das Motto: »Was von Eltern gewonnen, ist in Kindeshänden zerronnen.« Von solchen Verhältnissen erdrückt, nimmt die Liebe zum eigenen Kind ab, und manchmal entwickelt sich sogar eine Art von Wahnvorstellung: »Es tut das alles nur aus Trotz.«

4. Entrechtungsphase. Entrechtete Eltern möchten am liebsten das Handtuch werfen - aufgeben, resignieren. Sie kommen sich vor wie in einer Falle. Sie geben die Hoffnung

auf, isolieren sich von anderen und damit von jeglicher Unterstützung durch andere. Sie fangen an, immer mehr an sich selber zu zweifeln und ihr eigenes Wertsystem in Frage zu stellen - »Ich hätte meinen Kindern einfach freien Lauf lassen sollen, so wie es Frau Müller von nebenan gemacht hat. Ihre Kinder sind auch nicht schlimmer als meine.«

Näherst du dich dem Punkt, wo du ausgebrannt bist? Der Grund dafür - und das muß dir bewußt werden - ist, daß du ein Wertsystem hast, für das zu kämpfen sich lohnt. Möglich, daß du dich tatsächlich zu sehr dafür eingesetzt hast. Oder hast du nicht so mutig dafür gekämpft, wie du es eigentlich wolltest? Und vielleicht stehst du noch mitten drin im Kampf, weiter von deinen ursprünglichen hohen Erwartungen entfernt, als du gehofft hast.

Eines ist sicher: du brauchst unbedingt Unterstützung. Du brauchst menschlichen Zuspruch. Das wird dir helfen. Auf jeden Fall bist du nicht allein, egal, wie deine Situation aussieht. Und glaube ja nicht, Gott hätte dir den Rücken zugekehrt. Nein, er ist da, ob du seine Gegenwart verspürst oder nicht. Wende dich zu ihm, tue es beherzt und immer wieder. Vergiß nicht: Gott hat alles unter Kontrolle. Sein Zeitplan ist perfekt. Und Fehler macht er auch nicht.

Schmerzschwellen

Wenn du auf Gottes Hilfe vertraust, so heißt das nicht, daß du zur Untätigkeit verurteilt bist. Unternimm etwas - etwas, das dir Freude macht. Erfreue dich am Leben. Nimm dir Zeit für deine Freunde. Schau dir einen lustigen Film an. Oder lies ein Buch, das dich aufstellt (wie zum Beispiel das, welches du gerade in der Hand hast).

Manche Eltern mühen sich immer noch damit ab, die schier endlosen Ansprüche, die kleine Kinder an sie stellen, zu erfüllen. Andere versuchen in der Weise zu überleben, daß sie ihre Kinder um Hilfe bitten: »Kannst du mir nicht bei der Hausarbeit helfen?« Wieder andere markieren ständig den Kalender und verwandeln die Räuberhöhle von Schlafzimmer des Juniors bereits in Gedanken in ein nettes, romantisches Gästezimmer.

Das Problem mit den Jungen ist nur, daß sie heute da sind - und morgen auch noch. Aber auch dann noch, wenn sie ihre Sachen packen, dir den Abschiedskuß auf die Wange drücken und am Horizont verschwinden, merkst du, wie fest sich der Kummer in dir eingenistet hat. Allerlei Spuren des Problems »Kind« bleiben zurück - die Straßenkreuzung, wo der Unfall passierte, die häßlichen Flecken auf der Zimmertapete, die unschönen, von Zigarettenstummeln versengten Stellen im Teppich.

Die Schmerzschwelle ist nicht bei allen Eltern gleich hoch. Da ist der Vater, der innerlich zerschmettert ist, weil sein Sohn in der Schule betrogen hat. Ein anderer verkraftet es nicht, daß sein Sohn langes Haar trägt. Da ist die Mutter, die den Augenblick fürchtet, wo die Tochter ihren Freund mit ins Haus bringt. Eine andere wünscht zutiefst, daß ihre lesbische Tochter einen netten jungen Mann finden und eine feste Freundschaft mit ihm aufbauen möge. Auch wenn andere Väter und Mütter ähnlichen Schmerz empfinden, entlastet dich das nicht von dem, was du durchmachst.

Manche Väter und Mütter sehen sich mit Schwierigkeiten konfrontiert, die Folgen für ihre Kinder haben, ohne daß jemandem die Schuld dafür zugewiesen werden kann. Manche junge Menschen sind durch die Folgen eines Unfalls, einer Krankheit, eines Geburtsfehlers oder einer zerbrochenen Beziehung behindert. Wenn ein solches Kind leidet, leiden die Eltern mit. Ob Schuld mit im Spiel ist oder nicht, nie können sich Eltern von ihren Kindern lösen, ob sie es wollen oder nicht.

Schmerz - inwendig und auswendig

Der Schmerz, den die Probleme unserer Kinder uns Eltern zufügen, ist alles andere als eingebildet; er ist nur allzu real. Zu den Streichen, die unsere Sprößlinge uns immer wieder spielen, kommen noch jene Probleme hinzu, die wir mit uns selber haben:

- Wir tun uns mit der Vergebung schwer
- Wir ziehen uns innerlich zurück
- Wir sind erzürnt
- Wir fühlen uns eingeschüchtert
- Wir sind enttäuscht
- Wir schämen uns
- Wir sind voller Groll
- Wir fühlen uns gedemütigt

Vielleicht scheint es leichter, sich zum gegenwärtigen Zeitpunkt lieber nicht mit solchen Dingen zu befassen. Schließlich haben wir mit einem widerspenstigen oder verletzten Kind schon genug Probleme. Möglicherweise möchtest du am liebsten selber von zu Hause weglaufen. Ich weiß, wovon ich rede - mehr als einmal habe ich meinen Koffer gepackt.

Wanda, eine hübsche alleinerziehende Frau, beschrieb weinend die widersprüchlichen Empfindungen, die sie erlebte, als sie an einem von ihrer Kirchgemeinde veranstalteten Treffen für Mütter und Töchter teilnahm.

»Ich saß da und versuchte, Interesse vorzutäuschen«, gestand sie, »als eine der Frauen ihre Sprößlinge vorstellte und anfing, sich mit ihnen großzutun. 'Das ist meine älteste Tochter, Sheila. Sie und ihr Mann, Spezialist für plastische Chirurgie, leisten von Zeit zu Zeit einen freiwilligen Hilfseinsatz unter armen und behinderten Kindern. Hier ist meine liebe Tochter Nummer zwei; Bonnie Jean ist die Frau eines Pastors. Und das hier ist unsere Jüngste, Vonda Lee, die demnächst ihr Bibelschulstudium abschließt, um anschließend einen Einsatz in einer Aussätzigen-Kolonie zu leisten ... Ich bin einfach stolz auf meine Kinder!'«

Wanda fuhr fort: »Während ich mir die Tränen aus den Augen wischte und versuchte, mich für sie zu freuen, überlegte ich, wie ich mich möglichst unsichtbar machen könnte. Denn was würde passieren, wenn man sich nach meinen Kindern erkundigte? Ich hätte sagen müssen: 'Oh, ich bin so froh, daß Sie mich danach fragen. Die älteste Tochter lebt in Chicago zusammen mit ihrem Freund, den sie unterstützt, indem sie Schulunterricht gibt. Sie teilten mir mit, ich werde bald

Großmutter sein ... Mein Sohn hat bald seine zweite Alkoholentzugskur in einer Anstalt hinter sich ... und unsere zweite Tochter steht gerade vor der Scheidung. Mein Ex-Ehemann und seine zweite Frau (seine ehemalige Sekretärin) sind ihr bei der behördlichen Abwicklung behilflich. Ich bin einfach so stolz ...'«

Manchmal gibt es für geplagte Eltern nichts Unangenehmeres als gesellschaftliche Gemeindeanlässe. Das sollte eigentlich nicht so sein - Gott hat mehr als genug verlorene Söhne und Töchter in der Welt umherlaufen -, aber so ist es.

In manchen christlichen Kreisen, in denen das Wort Gottes heilig gehalten wird, gibt es immer wieder Individuen, denen es kolossales Vergnügen bereitet, herauszufinden, wer diesem heiligen Wort gehorsam ist und wer nicht. Solche Menschen hat es gegeben, seit es die Heilige Schrift gibt, und wenn sie in der Gemeinde eine maßgebliche Position einnehmen, können sie mit ihrer Einstellung die ganze Gemeinde beeinflussen.

Diese Leute haben sogar eine biblische Erklärung für ihre sonderbare Wißbegier. Sie wollen einem weismachen: »Der Herr sagt doch: 'An ihren Früchten werdet ihr sie erkennen', und ich bin eben einer von seinen Früchteinspektoren.« Ich kann mir gut vorstellen, daß dir das mit deinen Kindern auch schon passiert ist und daß ihr dem kritischen Auge solcher Individuen nicht entgangen seid. Natürlich bist du dir dabei richtig gedemütigt vorgekommen.

Schmerzen, die nicht aufhören

Wenn wir uns von Glaubensgeschwistern entfremdet fühlen, weil sie einfach nicht nachvollziehen können, in welch einer Lage wir sind, sind wir der Versuchung ausgesetzt zu glauben, daß wir uns auch Gott entfremdet haben. Ich muß zugeben, daß in schwieriger Zeit mein Glaube bis zum Zerreißpunkt gefordert wurde. Ich weiß nur allzu gut, daß Gott unseren Elternschmerz kennt, aber längst nicht immer eingreift.

Wohl weiß ich, ich sollte das Beste hoffen, aber ich stelle mir das Schlimmste vor. Ich weiß, daß die Bibel in Psalm

37,1 sagt: »Rege dich nicht auf«, aber als Mutter bin ich Weltmeisterin darin. Ich will dir ein paar der Gefühle beschreiben, die ich gehabt habe. Vielleicht kommen sie dir bekannt vor.

Wenn ich Elternprobleme habe, lindert all das, was ich über Gottes heilende Kraft »weiß«, nicht unbedingt meinen Schmerz. Wenn ich die Fotografie meines Kindes auf dem kleinen Dreirad anschaue, steigen mir Tränen in die Augen. Wie war doch alles so süß und hoffnungsvoll, als sie noch klein waren. Warum müssen sich die Dinge so verändern? Warum muß das Leben so schwierig sein?

Fragen über Fragen stürmen auf mich ein. Habe ich als Mutter genug getan? Habe ich zuviel getan? Stehe ich meinem Kind hindernd im Wege? Oder bin ich ihnen doch eine Hilfe? Was kann es von mir erwarten? Was kann ich von ihm erwarten? Sich für die Elternrolle zur Verfügung zu stellen, das ist ungefähr so, wie wenn man sich eine Kegelbahn im Kopf installieren läßt!

Auch wenn ich meine, Gott zu vertrauen, verliere ich dennoch das Vertrauen zu mir selbst. Wenn ich meiner Erziehungsaufgabe besser nachgekommen wäre, hätte es dann nicht besser stehen sollen mit meinem Kind? Wird nicht mein Kind in mir Schuldgefühle auslösen, weil es mir nicht gelungen ist, für ein besseres Familienleben zu sorgen?

Ich habe versucht zu beten, doch irgendwie habe ich das Gefühl, als ob mich niemand hört. Und weshalb bin ich so besorgt? Quäle ich mich unnötig, oder gibt mir Gott einfach Durchblick? Bin ich mißtrauisch oder ist es, daß ich klarsehe?

Die Enttäuschung tut mir förmlich weh bei dem Gedanken, was hätte sein können. Ich bin verletzt durch immer neue Versuche, ein »Stachelschwein« von Kind zu umarmen. Ich trauere der Hoffnung nach, die ich für dieses Kind verloren habe.

Vor allem aber frage ich mich, ob unsere Beziehung je wiederhergestellt werden kann. Gibt es für die Schmerzen einer Mutter überhaupt Heilung? Solches Fragen sollte natürlich nur mit einem Ja! Ja! beantwortet werden. Und für den Fall, daß du Angst hast zu fragen - nein, das ist nicht der endgültige Zustand, von dem wir reden.

Kein Schmerz wie der Elternschmerz

Gläubige Eltern haben mehr Grund als andere zu der Hoffnung, daß sich die Einstellung ihrer Kinder eines Tages doch noch ändern werde. Aber manchmal erleben sie eine ganz spezielle Art von Schmerz, und dieser Schmerz rührt daher, daß sie ihren persönlichen Glauben in das Leben ihrer Kinder investiert haben. Sie fühlen sich bis aufs äußerste gefordert beim Versuch, als Eltern ihren Kindern alle Liebe zu schenken und sie gleichzeitig in Einklang mit einer ganz realen Hingabe an Gott zu erziehen.

Während die Coiffeuse mir die Haare wusch, prahlte sie von ihren beiden Töchtern. Wie anhänglich sie doch wären, echte »Schätzchen«!

Später tauchten sie im Geschäft auf, um ihre Mutter zum Mittagessen abzuholen. Dabei unterhielten sie sich lachend über den Besuch einer Männer-Striptease-Veranstaltung, zu der ihre Mutter sie (die noch nicht volljährig waren) mitgenommen hatte. Sie fanden Mama wirklich toll, einfach Spitze! Bei einer solch unverantwortlichen Erziehung gefiel es diesen Töchtern natürlich, sich mit ihrer Mutter herumzutreiben. Es gibt aber auch Eltern, die eine vorbildliche moralische Einstellung haben, die ihr Bestes versuchen, um ihren Kindern gesunde Lebensprinzipien zu vermitteln und selber ein gutes Beispiel zu sein. Und gerade deshalb kann es zu einer Entfremdung zwischen ihnen und ihren aufsässigen und respektlosen Sprößlingen kommen.

Während nicht-gläubige Eltern die ganze Erziehung eher locker angehen mögen, richten sich geistlich orientierte Eltern nach ganz anderen Maßstäben. Unsere Familienwerte und moralischen Prinzipien bedeuten uns wirklich etwas, und die Zehn Gebote sind für uns nie nur eine von vielen Möglichkeiten.

Christliche Eltern werden manchmal als nicht besonders »cool« oder »verständnisvoll« betrachtet und auf jeden Fall nicht als so »easy-going« wie ihr Gegenpart in der Welt - zum Beispiel meine Coiffeuse. Während einige Eltern ihre Erziehungspraxis dem anpassen, was gesellschaftlich akzeptabel ist, weigern sich andere, sich in den entscheidenden Fragen auf einen Kompromiß einzulassen. Für die meisten Christen ist eine Situationsethik ebenso unannehmbar wie die schlechten Situationen, die durch sie verursacht werden.

Wenn der Sohn einen homosexuellen Freund mit nach Hause bringt, dürfte es uns schwerfallen, auch nur aus lauter Höflichkeit zu murmeln: »Scheint ein netter Bursche zu sein.« Und wenn der Freund der lieben Tochter sie auf ein Wochenende mitnehmen möchte, kann man von uns nicht erwarten, daß wir voller Begeisterung sagen: »Großartige Idee! Amüsiert euch gut und vergeßt nicht, die Kondome mitzunehmen.« Muttis und Papas mit starken religiösen Werten sind nicht so permissiv und nachsichtig wie Eltern, die ihre moralischen Ansichten jeder neuen Modewelle anpassen.

Etliche Dinge darf man nicht vergessen, wenn unser persönliches Glaubensleben an unseren Kämpfen als Eltern beteiligt ist. Zum einen wird Gott unsere Bemühungen, seine Werte in die Herzen unserer Söhne und Töchter einfließen zu lassen, auch würdigen. Zum anderen ist es nicht an uns, über jede Tat unserer Kinder zu urteilen und zu Gericht zu sitzen - wir sollen ihnen lediglich den richtigen Weg zeigen und ihnen die Gründe für den von uns gewählten Weg erklären. Alles übrige ist ihre Angelegenheit.

Unterdessen dürfte klar geworden sein, daß elterlicher Schmerz aus verschiedenen Quellen stammt. Manches davon ist unnötig. Manches ist unvermeidbar. Doch was immer auch die Ursache deines Schmerzes sein mag - Verletzungen aus vergangenen Tagen, Sorgen über die Zukunft oder momentane Probleme, die dir Kopfschmerzen bereiten -, Erleichterung und Trost warten auf dich! Die nachfolgende Prüfliste für Eltern soll dir dabei helfen, die Ursache für deinen elterlichen Schmerz und Frust zutreffend zu diagnostizieren.

Checkliste für geprüfte Eltern

Die nachstehenden Aussagen geben vielleicht manche deiner Empfindungen wieder.

Ich bin verantwortlich für das Verhalten meines Kindes.
Mich allein trifft alle Schuld.
Es liegt an mir, daß mein Kind glücklich wird.
Ich möchte, daß mein Kind mein Stolz und meine Freude ist.
Ich kann meinem Sohn, meiner Tochter keinesfalls sagen, wie sehr er/sie mir weh tut.
Ich sollte nichts tun, was die Gefühle meines Kindes verletzt.
Ich vermute, daß mein Kind von uns als Familie keine besonders gute Meinung hat.
Die Gefühle meines Kindes sind mir wichtiger als meine.
Oft gebe ich meinem Kinde gegenüber nach, entgegen meinen Gefühlen.
Oft tue ich so, als ob alles in Ordnung wäre, obwohl es nicht stimmt.
Ich gebe mir alle Mühe, mein Kind zu ändern.
Es ist mein Fehler, daß wir so oft Auseinandersetzungen haben.
Wenn sich mein Kind ändern würde, hätte ich weniger Mühe mit mir selbst.
Ich fühle mich schuldig, wenn mein Kind gestraft wird.
Ich fühle mich schuldig, wenn ich etwas mache, worauf mein Kind negativ reagiert.
Ich fühle mich schuldig, wenn ich auf mein Kind ärgerlich bin.
Ich fühle mich schuldig, wenn ich »nein« zu meinem Kinde sage.
Ich habe Angst, wenn mein Kind wütend auf mich ist.
Ich bin traurig, wenn mein Kind unglücklich ist.
Ich habe den Eindruck, mein Kind enttäuscht zu haben.
Ich schäme mich für mein Kind.
Ich habe das Gefühl, mein Kind ruiniert mein Leben.

Ich bin von mir selber enttäuscht, daß ich meinem Kind kein besseres Leben bieten konnte.

Hast du fünf oder mehr Aussagen angekreuzt, bist du zu fest mit deinem Kind verwachsen. Du solltest einsehen, daß deine Ansichten zum Scheitern verurteilt sind und daß sie dich vielleicht daran hindern, auch als Vater oder Mutter ein selbständiger, unabhängiger Mensch zu sein. Ansichten dieser Art können deine Abhängigkeit von deinen eigenen Kindern noch verstärken und die Spannung, die zwischen euch herrscht, verschlimmern.

Trotzdem, laß den Kopf nicht sinken! Freue dich! Es ist Hilfe da, gleichgültig, ob du gerade in diesen Tagen eine intensive Betreuung brauchst oder nur dann und wann einmal. Der große Arzt ist immer im Dienst, der Wunderrat macht Hausbesuche, und der himmlische Vater ist bereit, seine Erziehungsweisheit mit jedem zu teilen, der auf ihn hören will.

Kapitel 2

Väterliche Fürsorge

Eine Infusion Hoffnung

Ein befreundetes Ehepaar unterstützte eine Zeitlang für 300 Dollar im Jahr ein unterprivilegiertes Kind in Guatemala. Dieses arme und benachteiligte Kind schien »die wunderbare Mama und den wunderbaren Papa in Amerika« aufrichtig zu lieben und zu bewundern. Es schickte Fotos von sich, berichtete über all seine Aktivitäten und brachte immer wieder seine Zuneigung und Dankbarkeit zum Ausdruck.

Nachdem ich mir eine ausführliche Schilderung über die Vorzüge dieses Kindes dort in der Ferne angehört hatte, fing ich an zu überlegen: *Vielleicht könnte ich* meine *Kinder nach Guatemala schicken und 300 oder sogar 1000 Dollar jedes Jahr.* Ob sie dort wohl zufriedener sein würden als unter den scheinbar unerträglichen Verhältnissen bei uns zu Hause? Vielleicht ergäbe das ein großartiges »Kinderaustausch-Programm«. Wir könnten auf diese Weise unsere heranwachsenden Sprößlinge für drei oder vier Jahre auf einen »Abenteuertrip« schicken und während ihrer Abwesenheit vorübergehend eine gleich große Anzahl netter, dankbarer junger Menschen adoptieren, die sich noch normal zu verhalten wissen.

Weshalb hat Gott Kinder?

»Unser Vater im Himmel ...«

Ich bin gewiß keine Theologin, aber ich glaube, daß Gott aus demselben Grund Vater wurde wie die meisten von uns Eltern: er liebte. Wenn man liebt, will man diese Liebe mitteilen. Bei den meisten jungen Ehepaaren führt der Wunsch, sich einer eigenen Familie mitzuteilen, zu dem Entschluß, Kinder zu bekommen. Vielleicht widerspiegelt sich in dieser Art von Gefühlen die Tatsache, daß wir im Bilde unseres himmlischen Vaters erschaffen sind.

Nach dem gleichen Prinzip gebiert Gott geistliche Kinder: »Denn Gott hat die Menschen so sehr geliebt«, lesen wir in Johannes 3,16, »daß er seinen einzigen Sohn für sie hergab.« Was war die Absicht Gottes dabei? Er gab denen, »die ihn [Jesus] aufnahmen und an ihn glaubten, das Recht, Kinder Gottes zu sein« (Johannes 1,12). Wenn wir Jesus, den Sohn Gottes, in unser Leben aufnehmen, werden wir »adoptierte« Söhne Gottes.

Und wie verhalten sich Gottes Söhne und Töchter gegenüber dem Adoptivvater? Obwohl er den meisten von uns physisches und geistliches Leben geschenkt hat, haben wir ihm leider eine Unmenge Kummer gemacht.

Sogar Gott, der alles im voraus weiß, war bereit, ein Risiko einzugehen. Er hat allen Menschen überall Leben, Liebe und Hilfe angeboten. Doch viele Männer und Frauen, Jungen und Mädchen, ja sogar solche, die Empfänger seiner Gaben waren, haben ihm das Herz gebrochen. Weshalb wohl hat Gott Leben geschenkt, wenn er doch um die Möglichkeit wußte, daß wir ihn abweisen könnten? Weil er das Leben nicht aus Selbstsucht geschenkt hat, sondern allein zu seiner eigenen Zufriedenheit. Er will uns segnen. Er möchte uns Lebenserfüllung schenken. Er möchte die Ewigkeit mit uns verbringen. In seinen Augen lohnt es sich, das Risiko der Ablehnung einzugehen.

Was erwartet Gott von uns? Er erwartet nicht, daß wir uns »benehmen«, so daß er die Rolle eines stolzen Vaters spielen kann. Er will, daß wir unser Vertrauen auf ihn setzen, weil er viel mehr vermag als wir. Und was die Liebe angeht, geht es Gott darum, daß wir ihm unsere Liebe aus freien Stücken schenken - als freiwilligen Akt unseres Willens. Haben wir nicht als irdische Eltern den gleichen Wunsch? Gott weigert sich, Liebe bei uns zu erzwingen, und wir menschlichen Eltern befinden uns in einer ähnlichen Lage. Wir besitzen keine Kontrolle über die Gefühle unserer Kinder. Und so wie Gott möchte, daß wir das werden, wozu er uns erschaffen hat, sehnen auch wir uns danach, daß unsere Kinder den Wunsch empfinden, sich zu ändern und das Beste aus ihren Möglichkeiten machen. Dem Beispiel unseres himmlischen Vaters folgend, sollen wir auch Leben und Liebe schenken - wie immer auch das Ergebnis ausfällt.

Bist du bereit, Gott um Liebe für ein Kind
zu bitten,
das dir dafür nur Schmerz zurückgibt?

In guten wie in schlechten Tagen

Als sich die meisten von uns das Eheversprechen gaben, verstanden wir darunter, daß die Beziehung »in guten wie in schlechten Tagen« gültig sein sollte. Damals herrschte nichts als eitel Liebe. Wir konnten uns nichts Schlimmeres vorstellen, als schmutzige Socken waschen, Diskussionen über die Wahl des Fernsehprogramms führen oder ohne Make-up gesehen werden. Es dauerte nicht lange, bis uns (und unserem Ehepartner) die rosafarbene Brille von der Nase rutschte und bei uns die Einsicht dämmerte, daß wir die »guten Tage« voll genießen sollten - wann immer sie gerade zu haben waren.

»In guten wie in schlechten Tagen« - diese Verpflichtung ist für die Elternfunktion mindestens so bindend wie für die Ehe. Beispiele, daß sich Eltern von ihren Kindern trennen (also nicht einfach verlassen), gibt es nur sehr wenige, und hoffentlich wird es nicht zu einem Trend, daß sich Kinder von ihren Eltern trennen. Solltest du allerdings der Ansicht sein, daß es die »schlechten Tage« im schlimmsten Fall nur in einer Ehebeziehung gibt, dann versuche doch einfach mal, eine Familie aufzubauen. Ich glaube, jeder Eheschein sollte den folgenden Hinweis enthalten:

Warnung! Elternschaft kann Ihre
Gesundheit gefährden!

Gestreßte Eltern kann man gewöhnlich an den Sorgenfalten erkennen, die sich auf ihrer Stirn eingegraben haben, an den dunklen Rändern unter den Augen sowie an den herabhängenden Mundwinkeln.

Die meisten Mütter und Väter geben ohne weiteres zu, daß sie über die Aussicht entzückt waren, Kinder zu bekommen und mit den Kindern zusätzliche Freude im Leben. Sie freuten sich bei der Vorstellung, beim Nachhausekommen an der Tür mit Umarmungen und Küssen begrüßt zu werden. Sie konnten es fast nicht erwarten, einen Sohn oder eine Tochter zu haben, die ihre Zuneigung erwidern würden, mit denen sie sich unterhalten könnten und die ein fester Bestandteil ihres täglichen Lebens bilden würden. Wie tragisch ist es dann aber, wenn der Kummer, der mit unseren Kindern verknüpft ist, uns beinahe wünschen läßt, daß sie (oder wir!) doch nie geboren wären.

Doch glücklicherweise geht Gott der Vater wie stets vor uns her; er ist diesen Weg seit Jahrhunderten gegangen. Er hat vielen Söhnen und Töchtern Leben geschenkt, die ihm Kummer und Schmerz bereitet haben. Ein Blick in die Kirchengeschichte gibt uns einen ernüchternden Eindruck von der Unvollkommenheit der Christen. Wie muß es ihn tief im Herzen geschmerzt haben, all die Kriege, Inquisitionen, Greueltaten und Folterungen mitanzusehen - Dinge, die in seinem Namen und angeblich seinetwegen begangen wurden.

Und heute sieht es in der Welt auch nicht viel anders aus. Als die sogenannten »Fernsehevangelisten-Skandale« in die Schlagzeilen gerieten, merkte ich, wie mich immer noch das »Schlechtes Kind? Schlechte Eltern!«-Denken beeinflußte. Ich ertappte mich dabei, wie ich unbewußt nach einer Rechtfertigung suchte, um mir selber zu beweisen, daß diejenigen, welche bewußt in Sünde leben, in Wirklichkeit gar nicht aus Gott geboren sein können. Aber damit befand ich mich nicht mit der biblischen Theologie in Übereinstimmung. Ich mußte es zugeben; sie waren Kinder des Vater. Der Punkt ist, daß man vom schlechten Verhalten eines Kindes nicht auf die väterliche Qualität schließen kann.

Wenn die Regel »Ein schlechtes Kind stammt von schlechten Eltern« tatsächlich stimmen sollte, muß Gott der Vater etwas entscheidend verkehrt gemacht haben. Wollen wir ehrlich sein: nicht alle Gotteskinder sind eine Empfehlung für ihn. Wohl mögen meine Sünden nicht so medienträchtig sein wie jene von manchen prominenten Fehlbaren, doch die Bibel sagt, daß ich das ganze Gesetz gebrochen habe, wenn ich auch nur in einem Punkt gefehlt habe. Wir sitzen alle im gleichen Boot, und ich befürchte, daß keiner von uns wirklich unseres himmlischen Vaters »Stolz und Freude« ist.

Unser Vater versteht unseren Schmerz

Gott kennt ihn nur allzu gut. Er schenkte Adam und Eva Leben; sie versagten. Dann kamen Kain und Abel sowie Noahs lärmige Nachbarn, die babylonische Turmbaugesellschaft. Die Tradition der Versagens reicht weit bis in die Menschheitsgeschichte zurück. Und falls uns die neutestamentliche Geschichte wichtiger erscheint, brauchen wir nur an den untreuen Freund Jesu, an Petrus, zu denken, an seinen treulosen Kameraden Judas Ischariot und an die Diebe der ersten Gemeinde, Ananias und Saphira.

Gottes Leute neigen genauso zum Versagen wie alle anderen Menschen. Wie ein frommes Sprichwort sagt: »Christen sind nicht vollkommen, sondern nur Menschen, die um die Vergebung wissen.« Vielleicht sollte es genauer heißen, daß wir Christen alles andere als vollkommen sind und es nur der Gnade Gottes verdanken, daß wir uns an die himmlische Hoffnung klammern dürfen!

Gott der Vater versteht nur zu gut, wie es sich mit der Verantwortung verhält. Er selbst hat die Verantwortung über unser Leben übernommen, aber er ist nicht für uns verantwortlich. Das heißt, er hat uns das Recht gegeben, unsere eigenen Entscheidungen zu treffen. Ich kann mir ihn nicht vorstellen, wie er in den himmlischen Hallen nervös auf und ab geht, den Kopf in den Händen haltend, und ein um das andere Mal wiederholt: »Was habe ich nur falsch gemacht? Ich hätte die Bibel um ein paar Kapitel dicker machen müssen ... Wenn ich doch nur ja gesagt hätte zu Lee Ezells Gebet damals in Phoenix ...«

Aber ist das nicht genau die Art und Weise, wie wir uns

verhalten, wenn wir von Schwierigkeiten bedrängt werden? Sagen wir nicht, wenn mit den Kindern etwas verkehrt gelaufen ist: »Was habe ich falsch gemacht?« Wenn wir irgendwie mitverantwortlich sind für das Problem, sollten wir uns damit befassen (darüber wollen wir später noch sprechen), aber endlose Selbstvorwürfe sind absurd und in einem gewissen Sinn so etwas wie ein negativer Ego-Trip. Kann sein, daß wir uns ein wenig zu wichtig nehmen!

Sich auflehnende Eltern

Die Auseinandersetzung mit den Problemen und Kämpfen unserer Kinder kann es mit sich bringen, daß wir uns selber irgendwie verhärten. Gott beruft seine Kinder oft zu schwierigen Aufgaben. Armer Hesekiel! Ich würde mich für einen solchen »Missionsauftrag«, wie er ihn erhielt, bedanken! Gott warnte ihn:

»Ich sende dich ... zu einem widerspenstigen Volk, das sich gegen mich auflehnt ... zu diesem frechen und trotzigen Volk. Du sollst ihnen sagen, was ich, der Herr, dir auftrage. Auch wenn sie widerspenstig bleiben und nicht auf dich hören ... habe keine Angst vor ihnen und ihren Spottreden! Du wirst unter ihnen leben wie unter Skorpionen, wie mitten im Dorngestrüpp. Aber du brauchst dich nicht vor ihnen zu fürchten. Richte ihnen aus, was ich dir auftrage, ganz gleich, ob sie auf dich hören oder nicht. Du weißt ja, daß sie ein widerspenstiges Volk sind.« (Hesekiel 2,3-7)

Das hört sich beinahe wie eine Szene aus unserer eigenen Familie an! Gott fährt fort und warnt Hesekiel, auf sich selber aufzupassen:

»Du selber aber, Mensch, höre, was ich dir zu sagen habe: Sei nicht trotzig, wie dieses widerspenstige Volk!«

Das ist eine deutliche Warnung. Als Eltern können wir es uns nicht leisten, uns durch die Aufsässigkeit unserer Kinder selber zum Meutern hinreißen zu lassen. Ebensowenig dürfen wir uns dadurch von unserem Auftrag abbringen lassen.

John, ein älterer gläubiger Politiker, erzählte mir die bewegende Geschichte von seinem ungeratenen Sohn. Als John mit seiner Frau noch Jugendpastor in einer prominenten Gemeinde in Pennsylvania war, bereitete ihnen ihr halbwüchsiger Sohn viel Schande. Unaufhörlich befand dieser sich im Clinch mit der Schule und der Polizei. Und was alles noch viel schlimmer machte, war, daß er sich förmlich daran weidete, wenn er seine Mutter und seinen Vater vor der ganzen Gemeinde demütigen konnte. Mit Zwischenrufen störte er die Jugendzusammenkünfte. Manchmal kurvte er mit seinem Motorrad Marke Harley Davidson um die Kirche, um mit dem Geknatter die Predigt zu übertönen.

Eines Abends, nachdem wieder ein paar häßliche Dinge passiert waren, fühlte sich John so entmutigt, daß er ernstlich daran dachte, den Dienst in der Gemeinde aufzugeben. Er schämte sich, so weiterzumachen, und weinend auf den Knien liegend, sagte er zu Gott, er wolle mit der Arbeit unter der Jugend aufhören. Wie sollte er anderen helfen können, wenn er nicht einmal seinem eigenen Sohn helfen konnte?

Augenblicklich vernahm er tief in seinem Herzen die Worte: »John, dann willst du mir also deshalb nicht mehr dienen, weil dein Sohn mir nicht dient?«

John verstand sofort, was Gott ihm mit diesen Worten sagen wollte. Er durfte sich durch die Auflehnung seines Sohnes nicht aus dem Dienst verdrängen lassen. Auf die beschriebene Weise trieb es sein Sohn noch etliche Jahre. John und seine Frau jedoch, entschlossener denn je, übten seither auf Hunderte von jungen Menschen einen großen, segensreichen Einfluß aus. Jahre später benutzte Gott John - einen aufrechten, gestreßten Vater -, um als einer der ersten Hunderttausende von Bibeln hinter den einstigen Eisernen Vorhang sowie hinter den Bambusvorhang zu bringen. Vielerorts auf der Welt inspirierte John Abertausende junger Menschen, sich Gott zum Dienst zu weihen.

Alleinerziehend - Solostil

Wenn schon Elternpaare durch Erziehungsprobleme derart ins Schleudern geraten, wieviel mehr zehren solche Dinge dann erst recht an der seelischen Substanz alleinstehender Mütter und Väter! Alleinerziehung ist eine Aufgabe, die einen das Fürchten lehren könnte. Und manchmal überträgt sich der Groll von den Kindern auf den Ex-Ehepartner. Alleinstehende Eltern beißen sich fast die Zunge ab, um ja nicht zu sagen: »Du handelst genauso wie dein Vater!« oder: »Um Himmels willen, werde bloß nicht wie deine Mutter, wenn du größer wirst!«

Noch zusätzlichen Druck schaffen die Erwartungen einer Welt, die immer größere Anforderungen stellt. Die Vorstellung von der »Supermama« oder des »Superpapa«, wie sie uns per Fernsehen in die Familienstube flimmert, ist ein Schreckgespenst für den ganzen Haushalt. Die Wirklichkeit sieht nüchtern betrachtet doch so aus: Alleinstehende Eltern gehen ihrer Arbeit nach, besorgen den Haushalt und überwachen die Schulaufgaben; sie fahren die Kinder zum Sport, in die Musikstunde und zur Großmutter. Sie bereiten das Essen zu, bringen das Auto zum Service in die Werkstatt, gehen zur Post oder zur Bank. Sie führen mit ihren Söhnen und Töchtern vertrauliche Gespräche über dieses und jenes im Leben, und wenn sie unterdessen noch nicht den Glauben verloren haben, versuchen sie auch, dann und wann den Gottesdienst zu besuchen.

Man sollte wohlweislich eines nicht vergessen, nämlich daß eine alleinstehende Mutter nur die Verantwortung für ihr Muttersein trägt. Du kannst nicht Mama und Papa zugleich sein. (Das gleiche gilt auch für alleinerziehende Väter.) Es ist durchaus möglich, in einer Familie ohne den fehlenden Ehepartner gesunde Kinder aufzuziehen und dabei recht gut über die Runden zu kommen. Es gibt nicht wenige Kinder, die gesund und glücklich sind, obwohl sie in geschädigten Familienverhältnissen aufwuchsen. Tod oder Scheidung müssen nicht unbedingt eine seelische Schädigung der Kinder zur Folge haben.

Wohl bringt auch kirchliches Gemeindeleben weitere Ansprüche mit sich. Trotzdem lohnt es sich, sich nicht davon auszuklammern, und zwar nicht nur wegen der geistlichen Kraft, die es einem persönlich vermittelt. Auch die Kinder profitieren von den Aktivitäten, die das Gemeindeprogramm ihnen anbietet. Hinzu kommt die Kameradschaft mit anderen Kindern. Zudem können sie in einer Gemeinde Leitfiguren finden, die sie sich zum Vorbild nehmen. Wenn man an die Hilfe denkt, die Gott alleinstehenden Elternteilen durch die Gemeinde schenkt, sollten wir uns an die besonderen Verheißungen erinnern, die er der alleinerziehenden Mutter gegeben hat.

- Gott will ihr wie ein Ehemann sein. »Denn dein Schöpfer, der Herr der ganzen Welt, schließt die Ehe mit dir ... Du bist wie eine Frau, die von ihrem Mann verlassen wurde und tief bekümmert ist, weil er sie nicht mehr liebt wie einst in ihrer Jugend. Aber nun ruft der Herr dich zurück. Er sagt zu dir: Ich hole dich wieder heim. Nun will ich dir für immer gut sein.« (Jesaja 54, 5-7)

- Gott hat sich verpflichtet, der Vater ihrer Kinder zu sein. »Vater der Waisen, Beistand der Witwen - das ist Gott in seiner heiligen Wohnung. Den Einsamen schafft er eine Familie.« (Psalm 68,6-7)

- Gott hat versprochen, für alle ihre Bedürfnisse zu sorgen. »Gott wird euch alles geben, was ihr braucht. Durch Jesus Christus beschenkt er uns mit dem Reichtum seiner Herrlichkeit.« (Philipper 4,19)

Worin besteht also deine Verantwortung als alleinerziehende Person? Versuche vor allem, deine Kinder zu ermutigen, eine Beziehung zu ihrem himmlischen Vater aufzubauen. Wenn der Vater deiner Kinder nicht das ist, was du von ihm erwartet hast, so belaste dein Kind nicht damit - behalte es für dich.

Wie Gary Richmond in seinem ausgezeichneten Buch *Successful Single Parenting - Going It Alone* schreibt, braucht jeder alleinerziehende Elternteil folgendes:

1. seelische Unterstützung
2. praktische Hilfe (Autopflege, finanzielle Beratung usw.)

3. Ruhe
4. Babysitting
5. Geld
6. Hilfe bei der Kindererziehung
7. Gespräche mit Erwachsenen
8. Beratung bei wichtigen Entscheidungen
9. Führung, wenn es um eine zukünftige Beziehung geht
10. einen Spielpartner (gelegentliche Entspannung täte dir gut!)
11. eine Schulter, an der du dich ausweinen kannst
12. einen guten Zuhörer
13. jemand vom anderen Geschlecht, der für deine Kinder ein Vorbild ist
14. Hilfe bei der Wiedereingliederung in den Arbeitsprozeß
15. einen Menschen, auf den du dich verlassen kannst und der dir das Gefühl gibt, daß du und deine Kinder es schaffen werden. (Aber bitte nicht als Hinweis verstehen, daß du jetzt nach einem neuen Partner Ausschau halten müßtest! Laß dir bei allem, was du tust, genügend Zeit, damit deine Wunden heilen können, bevor du ein neues Verhältnis mit jemandem vom anderen Geschlecht anfängst.)

Menschen, die Menschen brauchen

Alleinerziehende Mütter und Väter sind nicht die einzigen Eltern, die bei der Erfüllung ihrer Erziehungsaufgabe gerne Hilfe und Rat von Drittpersonen in Anspruch nehmen möchten. Auch für ein Elternpaar kann ein erwachsener Mensch, der selber keine Kinder hat, von unschätzbarem Wert sein, indem dieser ihr Kind während der wichtigsten Jahre seiner Kindheit ausgesprochen positiv beeinflussen kann.

Manchmal gewinnt gerade eine »außenstehende« Person das Herz eines Kindes, das Mühe hat, sich seinen Eltern zu öffnen. Doch zwei Dinge sollte man vermeiden: erstens sich unnötiger- und unfairerweise von solchen hilfsbereiten Freunden abhängig machen und zweitens sich gegen jegliche Hilfe von »außen« wehren. Gute Freunde der Familie vermögen unser Kind durchaus auf überzeugende Art zum Besseren zu motivieren.

Manche Gemeinden tragen dieser Tatsache Rechnung und stellen jungen Eltern bewährte Berater oder »Paten« zur Verfügung, an die sie sich in Fragen der Kindererziehung wenden können und die jederzeit bereit sind, für die Kinder zu beten und sie ermutigend und beratend auf dem nicht immer so gradlinig verlaufenden Weg des Heranwachsens zu begleiten. Eine solche Einrichtung kann sich zum Beispiel dort als Segen für den Erziehungsprozeß erweisen, wo die Großeltern nicht in der Nähe wohnen und auch sonst die Familien, räumlich gesehen, auseinandergerissen sind - oft typisch für unsere heutige mobile Zeit.

Auch mein Mann und ich haben eine solche Aufgabe für ein »Patenkind« übernommen und begrüßen die uns von seinen Eltern angebotene Gelegenheit, diesen jungen Menschen während seiner schwierigen, turbulenten Teenagerjahre zu begleiten. Dazu genügt oft einfach ein offenes Ohr für das, was ihn beschäftigt, oder dann und wann auch ein guter Rat. Hast du schon einen Menschen gefunden, der dir bei der Erziehung deines schwierigen Kindes zur Seite stehen kann? Suchet und ihr werdet finden!

Die Gefühle eines Vaters

Wir Menschen wurden nach dem Bilde Gottes geschaffen, und wir sollten den Stil unserer Elternschaft dem seinen anpassen. Die Bibel zeigt uns oft, welchen Schmerz Gott über seine Kinder fühlt. Begriffe wie Betrübnis, Zorn und Mißfallen finden sich nur allzuoft in der Bibel. Besonders eine Stelle im Alten Testament beschreibt uns, wie stark er für sein von ihm geliebtes Volk empfindet:

»Der Herr sagt: Als Israel noch jung war, gewann ich es lieb. Aus Ägypten rief ich es wie ein Vater seinen Sohn. Immer wieder rief ich die Israeliten durch meine Propheten, aber sie liefen von mir weg. Sie schlachteten Tiere für den Baal und verbrannten Opfer vor seinen Bildern. Dabei war doch ich es, der Israel die ersten Schritte gelehrt und es auf den Armen getragen hatte. Aber sie wollten nicht wahrhaben, daß das von mir kam. Freundlich und liebevoll leitete ich sie, wie ein Bauer, der seinem Rind das Joch anhebt, damit es leichter fressen kann, der sich sogar bückt, um ihm sein Futter hinzuhalten.« (Hosea 11,1-4)

Auch Jesus war manchmal allem Anschein nach von seinen eigenen Jüngern enttäuscht und wegen ihnen frustriert. Mehr als einmal in den Evangelien sagte er zu ihnen: »Begreift ihr denn immer noch nichts?«

Er liebt seine Kinder, weist sie zurecht und züchtigt sie, während er ihnen gleichzeitig aber auch seine Gnade und Vergebung schenkt. Wir dürfen den Herrn bitten, uns die gleiche Fähigkeit zu verleihen, nämlich die Fähigkeit, zu vergeben, wo eigentlich Strafe nötig wäre, und zu strafen, wo es bequemer wäre, nachsichtig zu sein.

Connie, eine gute Bekannte von mir, rief mich eines Abends um elf Uhr an. Ihre beiden Söhne, sechzehn und siebzehn, waren keine Unbekannten auf dem Polizeiposten. An diesem Abend waren sie wieder »unterwegs«, und Connie hatte jene ihr schon vertraute Ahnung, die Mütter beschleicht, wenn etwas in der Luft liegt. Sie bat mich, mit ihr zusammen zu beten. So beteten wir am Telefon zum Herrn, er wolle doch ihre Jungens beschützen und sie vor Schwierigkeiten bewahren. Besonders beteten wir, daß sie sich nicht betranken.

Am folgenden Morgen erkundigte ich mich bei ihr. Sie war ganz deprimiert. »Lee, ich verstehe es einfach nicht. Es ist, als hätte Gott unsere Gebete komplett ignoriert.«

»Was willst du damit sagen? Um Himmels willen, was ist denn passiert?«

»Ungefähr zehn Minuten nach unserem Telefongespräch bekam ich einen Anruf vom Polizeiposten und die Mitteilung, daß meine beiden Sprößlinge wieder einmal dort gelandet seien.«

»So, und weshalb sind sie dort?«

»Zwei ihrer Kameraden haben sich illegal Whisky besorgt [In den USA ist die Abgabe von starken Getränken an Jugendliche verboten; Anm. d.Ü.] und wurden dabei erwischt, als sie ihn mit den anderen Jungens teilen wollten. Man hat sie wegen Minderjährigkeit und verbotenem Alkoholbesitz mitgenommen.«

»Waren deine Jungens denn betrunken, Connie?«

»Nein, sie hatten das Zeug noch nicht angerührt - die Cops haben sie geschnappt, bevor sie auch nur einen einzigen Tropfen trinken konnten. Und irgendwie hatten sie auch Angst davor, Lee. Ich glaube, sie hatten wirklich Angst, das würde bei mir das Faß zum Überlaufen bringen ...«

»Connie, siehst du denn nicht, was geschehen ist? Gott hat unser Gebet erhört und genau das getan, worum wir ihn gebeten haben!«

»Wie meinst du das?«

»Wir haben gebetet, daß Gott sie bewahrt und sie sich nicht betrinken. Gott hat es zugelassen, daß sie festgenommen wurden, um sie zu warnen. Und das hat er getan, ehe sie sich betranken und in dieser Verfassung nach Hause fahren wollten.«

Connie schwieg, und ich sah, wie sie nachdachte. »Weißt du, Lee«, sagte sie schließlich, »manchmal handelt Gott wirklich wie ein Vater, nicht wahr?«

Vergeben und vergessen?

Normalerweise habe ich einen guten, gesunden Schlaf. Aber wenn sich bei mir Sorgen einstellen und mir die Nachtruhe rauben, nimmt mich das ganz schön her, obwohl ich mich dagegen wehre. Auf jeden Fall habe ich mir meine dunklen Augenränder und Fältchen verdient.

Ein besonderes Problem, mit dem wir Eltern zu kämpfen haben, ist die Videothek in unseren Köpfen. Ohne es zu wollen, rollt jener Abend, an dem wir wieder eine schwere Auseinandersetzung hatten, in unserer Vorstellung wie ein Film noch einmal ab - die Worte, die wir am liebsten nicht gesprochen hätten, das Temperament, das wir nicht unter Kontrolle behalten konnten und so weiter und so fort. Auch wenn Gott unsere Sünden begraben kann und »ihrer nicht mehr gedenkt«, lassen sich unsere Videobänder nicht so leicht löschen.

Wenn uns auch das völlige Vergessen nicht so gelingt, wie wir es gerne wünschten, sollten wir uns in einer Sache wirklich üben: im Vergeben. Wenn wir vergeben, können wir besser vergessen. Uns selbst und anderen vergeben ist in erster Linie ein Akt unseres Willens. Vergeben ist zuerst ein Willensakt, bevor es zu einem Gefühl werden kann. Warum wollen wir uns dadurch zum Opfer machen, daß wir uns selber im Käfig mangelnder Vergebungsbereitschaft einsperren? Es ist doch viel gescheiter, wenn wir über diejenigen, die uns Unrecht getan haben, unser persönliches Verdammungsurteil aufheben und damit den Weg zur Heilung unserer Gefühle freimachen.

Ich lernte die Kraft der Vergebung kennen, als ich noch jung war. Noch unberührt und nicht lange Christ, wurde ich vergewaltigt. Daß ich als Folge davon schwanger wurde, machte alles nur noch schlimmer. Ich gab mein neugeborenes Baby zur Adoption frei. Nie mehr wollte ich ein Kind bekommen. Meine erste Erfahrung mit der Mutterschaft war sehr schmerzlich gewesen. Noch Jahre später, wenn ich mich an diese Tochter erinnerte, die mir verloren gegangen war, war sie für mich immer das »fehlende Stück« in meinem Leben. Damals mußte ich von der Annahme ausgehen, daß ich sie niemals wiedersehen würde.

Wohl war ich das erste Mal das Opfer eines Vergewaltigers gewesen, aber hätte ich ihm nicht vergeben, wäre ich bleibend das Opfer meiner Verbitterung gewesen. Weil ich mir jedoch statt dessen einige unschätzbare Prinzipien aus dem Worte Gottes aneignen durfte und mir gläubige Freunde zur Seite standen, vermochte ich dem Beispiel meines Vaters im Himmel zu folgen. Er vergibt gerne. Er liebt bedingungslos. Er hat versprochen, uns nicht im Stich zu lassen. Aber noch größer als all das ist, daß er, der fürsorgende Vater, seinen teuren Sohn für uns dahingab.

Gottes Einstellung uns gegenüber ist unglaublich. Mir gefällt, was Max Lucado schrieb:

»Was Gott tat, machte in der Tat Sinn. Es machte Sinn, daß Jesus sich an unserer Stelle als Opfer hingab, weil ein Opfer nötig war, damit der Mensch gerechtfertigt vor Gott bestehen kann. Es machte Sinn, daß sich Gott des alten Gesetzes bediente, um Israel bewußt zu machen, daß es von der Gnade abhängig war. Es machte Sinn, daß Jesus unser Hohepriester wurde. Was Gott tat, macht Sinn. Es läßt sich lehren, darstellen und als systematische Theologie in Büchern drucken.

Warum Gott es aber tat, scheint in der Tat absurd. Wenn man die Methode beiseite läßt und das Motiv erforscht, versagt jede noch so sorgfältig aufgebaute Logik. Eine solche Art von Liebe ist nicht logisch; sie läßt sich nicht in einer Predigt wiedergeben oder in einer Abhandlung erklären ...

Generationen von Menschen haben ihm ins Angesicht gespien, aber er liebt sie immer noch. Ein auserwähltes Volk hat ihn erniedrigt und gequält, dennoch starb er für sie. Und auch heute noch, wo Abermillionen sich an Macht, Ruhm und Reichtum verkuppeln, wartet er auf sie.

Es ist unerklärbar. Da ist keine Spur von Logik oder Vernunft. Blutbefleckte göttliche Majestät. Ein Gott, der weint. Ein Schöpfer mit Herz. Gott wurde zum Spott der Welt, um seine Kinder zu retten. Wie absurd die Vorstellung, daß solch eine Hoheit sich bis in die tiefste Armut erniedrigte, um mit uns, den undankbaren Wesen, seinen Reichtum zu teilen.

Aber er tat es.«

Wenn wir daran denken, wie enorm viel unser himmlischer Vater in uns investiert hat und wie unerhört groß das Ausmaß von Vergebung ist, die er uns anbietet - sollten wir da gegenüber denen, die uns Leid zugefügt haben, weniger tun? Besonders wenn es unsere eigenen Kinder sind! Was immer sie auch getan haben, schlimmer als das, was wir ihm angetan haben, kann es nicht sein.

So schreibt John White:

»Wie Gott zu mir ist, so muß ich zu meinen Kindern sein. Wie er sich mir gegenüber verhält, so muß ich mich ihnen gegenüber verhalten. Die gleiche Freundlichkeit, die er mir erweist, die gleiche Geduld und Langmut, die gleiche Festigkeit der Sünde gegenüber - all das muß ich meinerseits denjenigen gegenüber beweisen, bei denen ich die Stelle Gottes vertrete. Denn die Vorstellung, die sich meine Kinder von Gott bilden, leitet sich von meinem Ehepartner und von mir ab - für sie zwei machtvolle Wesen, die ihnen das Leben gaben und über den Kosmos der Familie herrschen. Jedesmal, wenn meine Kinder eine gottähnliche Haltung oder Handlung bei ihrem Vater oder bei ihrer Mutter erkennen, wird ihnen der Heilige Geist sagen: ‘Jetzt kannst du dir besser vorstellen, wie dein Vater im Himmel ist.’«

Beim weiteren Lesen dieses Buches wirst du feststellen, dass Vergebung eine Medizin ist, die du mehr als einmal einnehmen musst. Vielleicht brauchst du jeden Tag eine Dosis davon. Manche von uns müssen sie sogar stündlich einnehmen. Fest steht, dass Vergebung so etwas wie eine unentbehrliche Notbehandlung für Schmerz und Kummer ist. Sie bringt einige sehr unangenehme Symptome zum Verschwinden und schafft die Voraussetzung für die wirkungsvolle Anwendung anderer Heilmittel!

Kapitel 3

Verheißungen kontra Placebos[1]

Diagnostische Denkkorrekturen

Wenn wir unter Kopfschmerzen leiden, suchen manche von uns den Arzt auf. Dieser nimmt eine Reihe von diagnostischen Untersuchungen vor. Mit Hilfe eines Eliminationsverfahrens kann er dir einige gute Nachrichten mitteilen. Eine gute Nachricht ist, daß du keinen Gehirntumor hast. Eine weitere gute Nachricht ist, daß deine Augen in Ordnung sind. Und noch eine gute Nachricht ist, daß du nicht unter einer chronischen Stirnhöhlenentzündung leidest und daß die Blutzirkulation in deinem Gehirn normal funktioniert.

Das sind die guten Nachrichten. Die schlechte Nachricht hingegen lautet, daß du ein Rückenproblem hast. Es werden verschiedene, gleichzeitige Behandlungsmethoden nötig sein, um den Kopfschmerzen zu Leibe zu rücken. Du wirst Mittel zur Muskelentspannung brauchen, dazu eine physiotherapeutische Behandlung. Von Zeit zu Zeit wirst du schmerzlindernde Medikamente einnehmen müssen.

So weit, so gut. Doch bald stellst du fest, daß die Muskelentspannungsmittel dich bei der Arbeit schläfrig machen. Die physiotherapeutischen Behandlungen bewirken ein lästiges Unbehagen im unteren Rückenbereich, und die Schmerzbekämpfungsmittel verursachen dir Magenstörungen. Wahrscheinlich wird eine Anpassung bei der Behandlung, die man dir verordnet hat, vorgenommen werden müssen.

Ähnlich verhält es sich mit uns Eltern, wenn wir, um zu Erfolg zu kommen, einen neuen Kurs bei der Erziehung ein-

[1] Unwirksames Scheinmedikament, Anm. d. Übers.

schlagen wollen. In diesem oder jenem Punkt wird eine Anpassung unseres Denkens notwendig sein. Im folgenden wollen wir unsere elterliche Einstellung unter die Lupe nehmen und wenn nötig in einigen entscheidenden Punkten unsere Auffassungen berichtigen.

Unsere Auffassungen korrigieren

Einmal kam ein Vater zu mir, der einige schmerzliche Erfahrungen gemacht hatte. Bedrückt von Schuldgefühlen und Selbstanklagen, beschrieb er mir die falschen Auffassungen, die er bei der Ausübung seiner Vaterrolle vertreten hatte.

»Grundsätzlich glaube ich, daß Gott mir diese Kinder gegeben hat. Ich bete für sie und gebe mir viel Mühe mit ihrer Erziehung, weil ich möchte, daß sie mir und sich selber keine Schande bereiten. Aber löse ich meine Aufgabe auch zufriedenstellend? Was passiert, wenn ich versage? Wenn sie mißraten, trägt niemand anders die Schuld dafür als ich selber.«

Leider war dieser Vater im Begriff, mit seinen widerspenstigen Söhnen - bildlich gesprochen - einen Trip in den Weltraum zu unternehmen, um beim Wiedereintritt in die Erdatmosphäre regelrecht zu verbrennen! Wir können uns bei unserer Erziehungsaufgabe eine Menge Schmerzen ersparen, wenn wir zwischendurch eine Korrektur vornehmen und dann mit einer weitaus realistischeren Philosophie weiterfahren würden.

Mein Denken korrigieren

Mein Kind ist mir lediglich für eine Zeitlang von Gott anvertraut; es ist nicht mein »Eigentum«, sondern vielmehr mein »Gast«.

Es ist nur in dem Sinne mein Kind, als daß ich dafür verantwortlich bin, es zu lieben, zu erziehen und zu fördern.

Obwohl ich es beeinflussen kann, darf ich letztlich sein Verhalten nicht kontrollieren, und wenn es den Kinderschuhen entwachsen ist, bin ich auch nicht mehr für seine Entscheidungen verantwortlich.

Deshalb kann ich mich meines Kindes wegen weder rühmen, wenn alles gut geht, noch die Schuld auf mich nehmen, wenn es nicht gut geht.

Ich kann über die Entwicklung dieses Kindes wachen, bin mir aber bewußt, daß sein Schicksal letzten Endes zwischen Gott und ihm und ohne mein Zutun entschieden wird.

Summa summarum: Kinder kommen durch uns, nicht von uns.

Wenn wir beim Abenteuer Elternschaft diesen Kurs einschlagen, dann sollten wir es eigentlich schaffen, den Herausforderungen gewachsen zu sein.

Die Aufgabe der Eltern ist es, eine Atmosphäre zu schaffen, die von Liebe bestimmt ist und in der sich Kinder, wenn sie dies möchten, durchaus auch auflehnen können.

Weshalb haben wir Kinder bekommen?

»Ich war noch so jung«, schluchzte die Mutter. »Unsere Ehe war vom ersten Tag an nicht gut, und ich glaubte, wenn ich ein Kind hätte, würde das viele unserer Probleme lösen. Ich war wirklich dumm. Das Kind wollte ich haben, um mir etwas Glück zu verschaffen und um jemanden zu haben, der meine Liebe erwidert. Was für eine Närrin bin ich doch gewesen!«

Die heutigen Möglichkeiten der Geburtenregelung und deren gesellschaftliche Akzeptanz (falls du nicht streng katholisch bist) verleiten uns zu dem trügerischen Gefühl, wir hätten die Sache mit der Familienplanung gut im Griff. Manchmal fühlen wir uns auf diesem Gebiet überhaupt nicht mehr abhängig von Gott, es sei denn, es kommt zu einem »Unfall«.

Aber kann man von Unfällen reden, wenn es um die Geburt menschlicher Wesen geht? Wenn die Bibel wahr ist - und davon bin ich überzeugt -, dann liegt die Entscheidung über das Leben nicht in erster Linie in unserer Hand. Ob du nun meintest, es sei deine Idee gewesen oder auch nicht, Gott war es, der ja sagte zur Empfängnis deines Kindes:

»Du hast mich geschaffen mit Leib und Geist, mich zusammengefügt im Schoß meiner Mutter ... Ich war dir nicht verborgen, als ich im Dunkeln Gestalt annahm ... Du sahst mich schon fertig, als ich noch ungeformt war ... Jeder meiner Tage war schon vorgezeichnet, noch ehe der erste begann.« (Psalm 139,13.15-16)

Die Heilige Schrift gibt uns wirklich klare Aussagen. Immer und immer wieder unterstreicht Gott den Gedanken (sehr zum Trost von uns zweifelnden Eltern!), daß er es gewesen ist, der die Entscheidung traf, daß unsere Kinder geboren werden sollten. So können wir in aller Aufrichtigkeit sagen, daß unsere Kinder nicht unser Eigentum sind; sie sind uns vom ursprünglichen Eigentümer anvertraut.

Dein Kind verdankst du einer Idee Gottes!

Die Entscheidung, wann Eheleute »Liebe machen«, liegt natürlich bei ihnen; aber wann »Leben gemacht« wird, das entscheidet Gott! Letztlich ist er es - unser aller Vater -, der bestimmt, ob wir unsere Kinder »zu früh« oder »zu spät« in unserem Leben bekommen.

Sowohl Freude als auch Tränen

Gleicht die Beziehung zwischen dir und deiner Mutter der meinigen, dann wird deine Mutter seit deiner Ankunft in dieser Welt wohl einige Tränen über dich vergossen haben. (Und wahrscheinlich wird es auch umgekehrt so sein.) Eine Schwangerschaft wird nicht immer mit Freude zur Kenntnis genommen. Ich habe den Eindruck, daß es in meinem Fall nicht anders war. Da ich eines von fünf Kindern alkoholsüchtiger Eltern war, muß meine Mutter sicher geseufzt haben: »Was für ein Segen, daran könnte man direkt zugrunde gehen!«

Manche von uns mögen langerwartete Wunschkinder und wahre Freudenbündel gewesen sein. Doch wir müssen der

Wirklichkeit ins Auge sehen! Erinnern sich manche von uns nicht auch an die gemischten Gefühle, die uns beschlichen, als das Schwangerschaftserbrechen einsetzte und es in unser Bewußtsein drang, was sich da anbahnte? Naürlich gibt es Mütter, die bei diesem Gedanken Luftsprünge vollführen. Aber längst nicht jede zukünftige Mutter kann sagen:

- Oh, genau zum richtigen Zeitpunkt!
- Genau das, worauf ich gewartet habe!
- Wir brauchen keinen einzigen unserer Pläne zu ändern.
- Wir haben genug Geld - und auch Räumlichkeiten -, um noch eines durchzubringen!
- Glücklicher könnte ich gar nicht sein!

Chris, eine Freundin von mir, erzählte mir ihre eigene Geschichte über »Familienplanung«. Ihr Mann hatte sich überhaupt keine Kinder gewünscht und gehörte zu jener Sorte von Männern, die auf einer Abtreibung bestehen, wenn ihre Frau ungewollt in Erwartung kommt. Jeff und Chris waren schon seit zehn Jahren miteinander verheiratet, als Jeff sich endlich damit einverstanden erklärte, »ein Kind zu haben, aber auf keinen Fall mehr«.

Ihr erster Sohn war ein bildhübsches Baby - etwas Herzigeres hätte man sich gar nicht vorstellen können. Dazu war es intelligent und - man glaube es oder nicht - weinte kaum. Obzwar zuerst nur widerwillig mit der Geburt seines Sohnes einverstanden, mußte er dann aber zugeben, daß er jetzt einen hübschen kleinen Jungen hatte.

Als meine Freundin eines Tages ihre Bibel las, stieß sie auf etwas, das in ihr den Eindruck erweckte, sie solle noch ein Kind haben. Selbstredend nahm sie es mit der Geburtenkontrolle ernst, wußte sie doch, daß ihr Mann beim Gedanken an ein weiteres Kind in die Luft gehen würde. Im stillen hielt sie es durchaus für möglich, daß der Herr zu ihr gesprochen hatte, aber begreiflicherweise behielt sie es für sich.

Knapp sechs Wochen darauf, als ihr erster Sohn gerade ein Jahr alt war, wurde sich Chris plötzlich bewußt, daß sie schon einige Wochen nichts mehr in der Frauenhygieneabteilung des Warenhauses eingekauft hatte. Ohne Zeit zu verlieren und ohne ihrem Mann etwas davon zu sagen, fuhr sie zum Frauenarzt, um einen Schwangerschaftstest machen zu lassen. Im Innern wußte sie, daß ihre Situation mit der stillen Botschaft zusammenhing, die sie von Gott bekommen hatte.

Der Test brachte ihr Gewißheit: Familienzuwachs war unterwegs. Aber wie sollte sie das Jeff beibringen? Furcht stieg in ihr auf. Ob Jeff tatsächlich eine Abtreibung von ihr verlangen würde? Ihr war klar, daß das für sie überhaupt nicht in Frage kam; aber der Schaden, den die unvermeidliche, harte Konfrontation mit sich bringen würde, könnte sich als bleibend erweisen.

»Oh, Gott«, stöhnte Chris. »Warum hast Du das zugelassen?«

Da war es, als vernähme Chris in ihrem Innern eine stille Verheißung: »Dieses Kind wird ein Segen für dich sein.«

Dennoch, ihr fehlte der Mut, es ihrem Mann persönlich zu sagen. Ob sie vielleicht seinem Lunchpaket eine Notiz beilegen sollte? Oder einen Zettel auf den Telefonbeantworter legen? Ihm einen Brief schreiben? Eine Freundin bitten, bei ihm einen anonymen Telefonanruf zu machen?

Als sich Jeff am Tag darauf anschickte, zur Arbeit zu gehen, holte Chris tief Luft, schickte ein stummes Gebet nach oben und sagte: »Oh, übrigens muß ich dir noch etwas sagen.«

Zuerst auf die Uhr, dann auf sie schauend, erwiderte er: »Also, was ist es? Beeile dich, ich bin schon spät dran.«

»Ach ... ich ...«, brachte sie stotternd hervor.

»Nun, um was handelt es sich?«

Sie stieß die Worte hervor, als hätte sie keine Gewalt darüber. »Wir bekommen wieder ein Kind; aber ich möchte später mit dir darüber reden. Ich will dir jetzt nur eines sagen - ich werde es nicht abtreiben lassen! Damit wirst du dich abfinden müssen.«

Weiß im Gesicht wie ein Bettlaken, wandte sich Jeff brüsk von ihr ab und ging davon. Christ schlug die Tür hinter ihm zu, begab sich ins Schlafzimmer, wo sie sich auf das Bett warf, und ließ ihren Tränen freien Lauf.

Während den folgenden Tagen sprach er kaum ein Wort mit ihr; doch es dauerte nicht lange, dann war die Krise über-

Rezept Nr. 1

Dein Kind war zuerst Gottes Idee!
(Kinder kommen **durch** uns, nicht **von** uns)

wunden. Monate später kam wieder ein hübscher Junge auf die Welt, diesmal seinem Vater wie aus dem Gesicht geschnitten.

Kürzlich erzählte Chris: »Die ersten paar Monate war ich viel zu müde, um mich wirklich hundertprozentig darüber zu freuen. Aber ehe ein Jahr vergangen war, konnte ich erkennen, welch ein wirklicher Segen das Kind ist. Der Junge ist der beste Freund seines Bruders, und alle haben ihn ins Herz geschlossen - besonders aber Jeff. Ich glaube, Gott wußte, was er tat, obwohl es für mich damals nicht danach aussah!«

Die Geschichte, die Chris mir erzählte, ist kein Einzelfall. Ob werdende Mütter verheiratet oder ledig sind, jung oder nicht mehr so jung, reich oder arm - immer sind Anpassungen nötig. Und gerade dann sind sie nötig, wenn das Kind geboren ist und sich seelische Spätfolgen der Geburt einstellen. Doch die Tatsache bleibt, daß Kinder in erster Linie ein Geschenk Gottes sind, geboren aus seiner Liebe, und daß es deshalb - egal was andere sagen oder denken - keine illegitimen Kinder gibt. Jedes Kind, das in diese Welt hineingeboren wird, hat einen himmlischen Vater, der ihm die Gabe des Lebens gegeben hat.

Als ich anfing, diese Wahrheit auf meine eigenen Umstände zu beziehen, klang der Schmerz um meine »verlorene Tochter« ab. Nach dem anfänglichen Kummer mußte ich ihren Verlust akzeptieren. Mit der Zeit begann dieses »ungeplante« Kind mein Leben zu verändern. Die Wiedervereinigung mit ihr zwanzig Jahre später habe ich in meinem Buch *Friede für gestern*[2] geschildert. Gott ist treu! Ich weiss aufgrund meiner eigenen Lebenserfahrung, daß das, was unerwartet, ja sogar tragisch anfängt, nicht als unerwünschtes Kind enden muß! Meine Tochter Julie hat die richtigen Worte dafür gefunden: »Obwohl ich das Resultat einer Vergewaltigung bin, betrachte ich mich vor allem als ein Resultat der Liebe Gottes. In Wirklichkeit kommt es nicht darauf an, wie ich angefangen habe, sondern was aus mir wird.« Und das gilt für alle unsere Kinder!

Und du? Hast du dich auch gefragt, warum? Warum wur-

[2] Friede für gestern, Dynamis Verlag, CH-8280 Kreuzlingen

de dieses Kind geboren? Warum ist es ein so schwieriges Kind? Warum muß ich soviel inneren Schmerz erleiden wegen eines Kindes, das ich nie geplant hatte? Vielleicht brauchst du eine neue Sicht der Dinge. Wenn uns die ganze Erziehungsarbeit zu mühsam wird und wir manchmal fast bereuen, ein solch schwieriges Kind bekommen zu haben, werden wir solche Empfindungen viel besser überwinden können, wenn wir uns bewußt machen, daß Gott der Vater einen Plan für unsere Kinder hat (ob sie es wissen oder nicht).

Überprüfe dein Bibelverständnis

Was hat er uns in bezug auf unsere Kinder noch versprochen? Falsche Hoffnungen sind keine zuverlässigen Sicherheitsgarantien. Mein lieber Ehemann verlor durch Krankheit und Tod zwei Ehefrauen, und in jedem Fall war er (von wohlmeinenden gläubigen Freunden) davon überzeugt worden, daß diese beiden Frauen auf wunderbare Weise geheilt würden. Die Leute erinnerten ihn an alle möglichen Bibelstellen, die sich auf das Thema Heilung bezogen. Er klammerte sich an sie. Er baute auf sie. Doch schließlich starben beide Frauen.

Wenn wir in bezug auf unsere Kinder ein falsches Bibelverständnis haben, kann das auch bei uns zu Schmerz und Enttäuschung führen. Hoffnungen, die durch irreführende Auslegung einzelner, aus dem Zusammenhang gerissener, Bibelstellen entstanden sind und sich dann nicht erfüllen, können Frustration und Entmutigung nach sich ziehen.

Hier noch ein anderes persönliches Beispiel. Weil ich viele Jahre lang die Bibelstelle in den Sprüchen, Kapitel 31, über die Frauen falsch verstand, lebte ich immer mit dem bedrückenden Gefühl, als Frau versagt zu haben. »Ich schaffe es nicht«, war jedesmal das Gefühl, wenn ich diese bekannten Schriftworte las. (Nimmt mich wunder, bei wievielen Frauen-Frühstückstreffen Sprüche 31 als Thema herhalten muß.) Wenn wir aber den Textzusammenhang von Sprüche 31 genauer ansehen, stoßen wir auf einen ganz wichtigen Punkt.

Betrachten wir die Sache doch einmal so: Der Verfasser

des Kapitels der Bibel, Lemuel, besaß eine gute jüdische Mutter. Es ist durchaus möglich, daß die Worte, die wir hier lesen, die Worte einer Frau sind, die gerne Schwiegermutter geworden wäre und die ihrem Sohn Ratschläge für die Wahl einer Frau erteilen wollte. Ihre Überlegung war: »Wer kann eine tugendhafte Frau finden? Sie ist schwer zu finden, Lemmie.« Wir zögern nicht, ihr beizupflichten. Und die Art von Frauen, von der die Mama spricht, ist nicht nur schwer zu finden, sondern sie selber wird wohl diesem Ideal schwerlich entsprechen.

Sprüche 31 stellt ein hohes Ziel dar und nicht etwa die Kriterien einer Eignungsprüfung für Frauen und Verlobte. Wie Vickie Kraft in ihrem Buch *The Influential Woman* schreibt:

»Bevor wir lesen, was die Bibel über diese unglaubliche Charakterfrau sagt, wollen wir uns daran erinnern, daß ihre Fehler nicht erwähnt werden - nur ihre guten Seiten werden beschrieben. Das Wort Gottes läßt uns die Gesamtsumme ihres Lebens wissen: das Trachten ihres Herzens, ihre Beziehung zu Mann und Familie, ihr Umgang mit den Mitmenschen. Auf ihre täglichen Frustrationen wird überhaupt nicht eingegangen; aber wir können uns gut vorstellen, daß es auch solche bei ihr gab ... Jedenfalls glaube ich nicht, daß dieser Abschnitt uns zeigen will, wie emsig und beschäftigt wir sein sollen.«

Ein Kind erziehen

Möglicherweise haben wir Eltern ein ähnlich verkehrtes Denken, das sich ebenfalls auf Bibelstellen stützt, vor allem aus dem Buch der Sprüche Salomos. Wie gerne halten wir den Bibelvers hoch:

»Gewöhne einen Knaben an seinen Weg, so läßt er auch nicht davon, wenn er alt wird.« (Sprüche 22,6)

Hat Gott die Heimkehr unserer verlorenen Söhne und Töchter ohne ihr Mittun garantiert? Genau das ist das Dilemma. Wenn unsere Kinder nicht als Erwachsene »zur Herde« zurückfinden, heißt das dann vor allem, daß wir sie nicht richtig erzogen haben? Wir sollten diesen Vers nicht als eine festgeschriebene, bedingungslose Garantie Gottes auffassen. Wenn Gott das sittliche und geistliche Ergebnis eines Lebens hätte vorhersagen wollen, würde er nicht jedem menschlichen Wesen auf der Erde einen freien Willen geben.

Wie seltsam: Wir sind uns alle einig, daß der freie Wille etwas Wunderbares ist - bis zu dem Moment, wo ihn unsere Kinder gegen uns ausspielen! Dennoch, trotz der offenbar dem freien Willen entspringenden Auflehnung tendieren viele Eltern dahin, diesen einen Bibelvers als zugesicherte Garantie aufzufassen, daß der Sohn oder die Tochter nach einer Zeit der Irrungen schließlich doch zurückkehren muß zu den Prinzipien, nach denen er bzw. sie erzogen worden ist. Und wenn dann, wie schon gesagt, ein Kind, das seine eigenen Wege geht, älter wird, verwandelt sich dieser Bibelvers in eine vernichtende Anklage gegen die Eltern, die offensichtlich nicht über einen armseligen »Erziehungsversuch« hinaus gekommen sind.

Wie jemand einmal zu mir sagte, verbringen wir Eltern die ersten beiden Jahre damit, ihnen das Laufen und das Sprechen beizubringen, und den Rest unseres Lebens verbringen wir mit dem Wunsche, sie würden sich hinsetzen und den Mund halten!

Bei genauerer Betrachtung des Textzusammenhangs von Sprüche 22,6 können wir ohne weiteres feststellen, daß hier nicht von einer unwiderruflichen Zusage Gottes die Rede ist. Statt dessen spiegeln diese Worte die jüdische Vorstellung wider, wie Familienbeziehungen gewöhnlich funktionieren. Dieser Vers ist nicht ein göttliches Versprechen, sondern bringt eine allgemeine Beobachtung zum Ausdruck. Es heißt ja schließlich nicht: »Und wenn sie alt sind, werden sie ausnahmslos zurückkehren.«

Josh McDowell und Dick Day vertreten eine interessante Auffassung von dieser Bibelstelle. In ihrem Buch *How to Be a Hero to Your Kids* schreiben sie:

»Leider verstehen gläubige Eltern diesen Bibelvers falsch, etwa so: 'Haltet jeden Tag Andacht, nehmt die Kinder mit in die Sonntagsschule und in den Gottesdienst, und dann werden sie später, wenn sie erwachsen sind, nicht vom Glauben abfallen.'

Der eigentliche Sinn aber liegt in der Phrase 'an seinen Weg'. Der Schreiber bezieht sich auf den Weg des Knaben und nicht auf den Weg Gottes. Gemeint ist damit, daß man 'den Wunsch nach Führung fördert, die der Einmaligkeit des Betreffenden entspricht'.

In den Psalmen wird das gleiche hebräische Wort mit 'biegen' übersetzt und erinnert an das Biegen eines Pfeilbogens. Bei der heutzutage üblichen Präzisionsfertigung kann beinahe jeder einen 45 Pfund schweren Bogen in die Hand nehmen und den Pfeil ins Ziel schießen. In biblischer Zeit aber war noch nichts genormt. Ein Bogenschütze damals mußte sich selber seinen Bogen anfertigen und sich mit ihm vertraut machen. Ähnlich müssen Eltern die speziellen Eigenheiten eines jeden Kindes in ihrer Familie kennen. Ein Kind 'an seinen Weg gewöhnen' heißt nicht, es sich selbst zu überlassen oder es immer machen zu lassen, was es will. Die Belehrung und Führung muß die Individualität des Kindes, seine Neigungen und seine Interessen berücksichtigen und seiner physischen und geistigen Entwicklung Rechnung tragen.«

Auf altbewährten Rat hören

Im Buch der Sprüche gibt es eine Menge wertvoller, den Glauben stärkende Ratschläge und Beobachtungen. Und wenn wir, allgemein gesprochen, hier auch nicht nach speziellen Verheißungen suchen sollten, kann uns das Nachdenken über dieses alte biblische Buch großen inneren Gewinn bringen. Denke doch einmal über folgendes nach:

- »Ein verständiger Sohn hört darauf, wenn sein Vater ihn zurechtweist; aber ein Taugenichts überhört jeden Tadel.« (Sprüche 13,1)
- »Ein Sohn, der gerne lernt, macht seinem Vater Freude, aber nicht einer, der sein Vermögen mit Prostituierten durchbringt.« (Sprüche 29,3)
- »Erziehe deine Kinder mit Strenge, dann kannst du Hoffnung für sie haben; lass sie nicht in ihr Verderben laufen.« (Sprüche 19,18)

- »Wer einen unverbesserlichen Sohn hat, kennt keine Freude; ein Taugenichts macht seinem Vater das Leben schwer.« (Sprüche 17,21)

Wenn man studiert, was in den Sprüchen über Familie und Söhne ausgesagt wird, erkennt man ohne weiteres, daß es »für einen Tango zwei braucht«. Dem Vater wird empfohlen, seine Söhne anständig zu erziehen; dem Sohn wird geraten, lernwillig zu sein und elterliche Korrektur anzunehmen. Wenn beide ihren Teil beitragen, ist alles in Ordnung.

Aber wie verhält es sich mit einem Taugenichts, der auf niemand hören will? Faßt Mut, liebe Eltern! Dr. James Dobson, ein bekannter und geschätzter Experte in Sachen Kindererziehung, stellte in einer seiner Radiosendungen fest, daß das sprichwörtliche »eigenwillige Kind« das fügsame Kind zahlenmäßig im Verhältnis 1:2 übertrifft! Doch gemäß einer von ihm durchgeführten Untersuchung würden 53 Prozent dieser Kinder mit einem starken Willen im Alter von 25 Jahren zu den Familienwerten zurückkehren.

Auf jeden Fall hat das, was in der Sprüchen über Kindererziehung steht, nach wie vor dauernde Gültigkeit. Und übrigens - wie alt ist »alt«? Das weiß Gott. Alles, was wir Eltern wirklich tun können, ist, unseren Teil zu tun, um unsere Kinder nach bestem Können zu erziehen. Daß sie »nicht von der Wahrheit abweichen«, ist dann Gottes Problem.

Einen guten ersten Eindruck machen

In den herkömmlichen Kirchen hält man aus theologischen Gründen immer noch an der Kindertaufe fest. In den meisten evangelikalen Gemeinden hingegen wird die Taufe erst nach einer bewußten Entscheidung vollzogen. Bei ihnen tritt an die Stelle der Kindertaufe eine andere Tradition, die ich für wichtig halte. Wenn wir durch eine Darbringung unsere Kinder, wenn sie klein sind, öffentlich dem Herrn bringen, so erhalten sie in geistlichem Sinne gewissermaßen ein »Für den Herrn bestimmt« aufgedrückt.

Erinnerst du dich an die Geschichte mit Hanna? Ihre Kinderlosigkeit bedrückte sie zutiefst, und in ihrer Not wandte sie sich an Gott. Sie versprach ihm: »Wenn du deiner Magd einen Sohn schenkst, so will ich ihn dem Herrn weihen für sein ganzes Leben« (1. Samuel 1,11).

Nachdem ihr Gebet erhört worden und ihr Erstgeborener, Samuel, auf die Welt gekommen war, brachte sie ihn Gott dar, indem sie ihn zum Hohenpriester Eli nahm, der ihn von Jugend auf für den Dienst für Gott schulen sollte. Interessant ist die Feststellung, daß die häusliche Situation für Klein-Samuel einer gottesfürchtigen Lebensführung nicht gerade zuträglich war. Eli hatte zwei Söhne, die beide ein ausschweifendes, zuchtloses Leben führten und ihrem »Adoptivbruder« ein denkbar schlechtes Beispiel boten. (Offenbar hatte der arme alte Eli wenig Erfolg, den Eigenwillen seiner eigenen Söhne in den Griff zu bekommen; dennoch gebrauchte Gott ihn.) Doch trotz dieser fragwürdigen Gesellschaft, in der er aufwuchs, hörte Samuel die Stimme Gottes und leistete ihr Folge. Ohne Zweifel begleiteten ihn die treuen Gebete seiner Mutter.

Mose ist ein ähnliches Beispiel. Obgleich seine Mutter sich von ihrem hübschen Kind trennen mußte und es - in der Hoffnung, sein Leben zu retten - den Fluten des Nil überließ, behielt Mose lebenslang den Stempel des mütterlichen Gottvertrauens. Trotz bester Erziehung und Formung zu einem loyalen Ägypter entdeckte er mit vierzig seine geistlichen Wurzeln und wurde das Werkzeug, Gottes Volk aus der Sklaverei zu befreien. So gewiß wie Mose an seinem Leib das jüdische Zeichen der Beschneidung trug, wird auch die Tatsache, daß wir einst unsere Kinder Gott dargebracht haben, einen Einfluß auf sie ausüben.

Über die Umstände hinaus blicken

Die Herausforderungen, die an uns als Eltern gestellt werden, mögen noch so schwierig sein, dennoch haben wir viele Gründe, uns zu freuen. Erstens einmal sind uns unsere Kinder von Gott »geliehen«, und es entsprach seinem Plan, daß sie geboren wurden. Er hat sie uns gegeben, damit sie ein Segen für uns sind, und er will, daß wir ein Segen für sie sind, solange sie bei uns sind (auch wenn wir meinen, mit ihnen mangelhaft bedient worden zu sein ...). Auch haben wir in Gottes Wort große Reserven an Weisheit, die wir für unsere elterliche Verantwortung in Anspruch nehmen können. Und last but not least werden die Kindheitseindrücke, die wir unseren Kindern vermitteln, sie ihr ganzes Leben lang begleiten, ob sie sich für den geistlichen Weg, wie wir ihn uns wünschen, entscheiden oder nicht.

Deshalb wollen wir unsere Hoffnung auf das feste Fundament der göttlichen Wahrheit setzen und als Eltern unser Bestes tun. Und wenn schwierige Zeiten kommen, wollen wir Trost holen bei einem himmlischen Vater, der nur allzugut die Herausforderungen versteht, die schwierige Kinder für uns mit sich bringen. Er will nicht, daß wir in unseren Problemen verzweifeln. Er will, daß wir sie überwinden.

Charles Spurgeon faßt das alles auf feine Weise zusammen, wenn er schreibt:

»Die Gedanken des Herrn zielen alle auf ein 'erwartetes Ende' hin. Hinter Gottes Wirken steht ein Motiv. Alles wirkt zusammen auf ein Ziel hin: zum Besten derer, die Gott lieben. Wir sehen nur den Anfang. Gott sieht das Ende vom Anfang. Er kennt jeden Buchstaben im Buch der Vorsehung. Er sieht nicht nur, was er tut, sondern auch das, was daraus wird.

Was unseren momentanen Schmerz und Kummer betrifft, sieht Gott nicht allein nur diese Dinge, sondern er sieht auch die zukünftige Freude und Nützlichkeit, die daraus erwachsen. Er sieht nicht nur das Umbrechen des Ackerbodens mit der Pflugschar, sondern auch die goldene Ernte, die ihn einst bedecken wird. Er sieht das, was aus den Anfechtungen und Prüfungen entsteht, und stellt in Rechnung, was für ein Glück solche schmerzlichen Erfahrungen zur Folge haben.

Das soll für uns ein Trost sein.«

Kapitel 4

Schlüssel zum Glück

Ein Schmerztöter

Irgendwie haben wir alle ein Update, eine Aktualisierung unseres Denkens nötig. Schließlich haben wir es mit einer zweiten Generation von Kindern zu tun, die nach den unterdessen fragwürdig gewordenen Theorien von Dr. Spock erzogen worden sind. Du erinnerst dich doch an Dr. Spock? Ebenso wie der andere Spock aus »Star Trek« hatte der weltberühmte Experte in Fragen Kindererziehung - so unglaublich es klingt - keine eigenen Kinder. Aber ist das nicht immer so? Solche, die keine Kinder haben, haben dafür alle Antworten ...

Als ich ledig war, glaubte ich, es mache Spaß, Kinder zu kriegen. Ich liebe Kinder. Eigentlich hätte ich mir ja damals schon denken können, daß das Kinderkriegen nicht so lustig ist, wenn es doch mit einer Sache anfängt, die man »Wehen« nennt. Ich erinnere mich an einen alten hölzernen Wandspruch, auf dem geschrieben stand: »Eine Familie, die zusammen betet, bleibt auch zusammen.« Wahrscheinlich wäre es heute realistischer, wenn er lauten würde:

> Die Familie, die zusammenbleibt,
> hat wahrscheinlich nur ein einziges Auto.

Kein Zweifel, Schmerz ist ein sehr realer Bestandteil vom Leben. Aber wieviel davon ist unvermeidbar, und wieviel davon ist unnötig? Manch ein Schmerz, den wir erduldet haben, ist vielleicht das Resultat unserer irregeleiteten Weigerung, gewisse Umstände - und Menschen - zu akzeptieren, so wie sie sind.

Der kleine Jason war unartig gewesen, und so schickte ihn die Mutter auf sein Zimmer mit der Ermahnung: »Jetzt gehst du nach oben und bittest den lieben Gott, daß er aus dir einen besseren Jungen macht!« In seinem Zimmer angekommen, kniete er am Bett nieder und betete widerwillig: »Lieber Gott, bitte, mach aus mir einen besseren Jungen ... aber wenn Du es nicht kannst, bin ich auch so ganz zufrieden mit mir.«

Ist das nicht genau das Problem mit unseren Sprößlingen? Sie sind vollkommen zufrieden mit sich, so wie sie sind ...

»Ich fühle mich in meinem unaufgeräumten Zimmer wohl.«
»Meine Freunde finden meine Indianerfrisur auf meinem Schädel einfach geil.«
»Es ist mir eben nicht danach, jetzt mit dir zu reden.«
»Ich habe die Prüfung nicht bestanden. Na und?«
»Ich bin Atheist, und daran wird sich auch nichts ändern.«

Und wir wollen sie unbedingt ummodeln! Ob es möglich ist oder nicht, einen anderen Menschen zu verändern - ich hätte für meine diesbezüglichen Anstrengungen eine Olympiamedaille bekommen sollen. Wenn ich hin und her im Land Vorträge halte, ergötze ich mich immer an den Antworten, die ich bekomme, wenn ich meine Zuhörer frage: »Wie viele von Ihnen leben mit jemandem zusammen, der ein viel besserer Mensch sein könnte, wenn er nur auf Ihren Rat hören würde?« Ich habe hart und lange daran gearbeitet, Hal, meinen Mann, zu verändern. Ich habe auch mein Bestes getan, um meine Mädchen zu verändern. Aber kannst du erraten, wer sich verändern mußte?

Genau. Ich war es.

Märchenvorstellungen

Als ich meinen Mann Hal heiratete, bekam ich eine ganze Sortimentspackung mitgeliefert - einen Ehemann und zwei »vorgefertigte« Töchter, nämlich Sandi, zehn Jahre alt, und Pam, dreizehn Jahre alt. Und wie du dir sicher vorstellen kannst, ging es mir nicht lange nach unserer Heirat so, daß ich mir weniger wie Aschenbrödel, sondern eher wie die böse Stiefmutter vorkam.

Beide Töchter waren seelisch recht mitgenommen durch den Tod nicht nur einer, sondern zweier Mütter - ihrer leiblichen Mutter und ihrer Stiefmutter, die für sie von früher Jugend an gesorgt hatte. Pam und Sandy hatten verständlicherweise eine kritische Einstellung gegenüber Gott. Sie konnten einfach nicht die Tatsache akzeptieren, daß ein liebevoller himmlischer Vater ihre beiden jungen Mütter sterben ließ. Sie fühlten sich abgelehnt und verlassen.

Ich war mir vollkommen bewußt, daß keine »Ersatzperson« darauf hoffen konnte, den Verlust, den sie erlitten hatten, wettzumachen. Ich wußte, daß beide Kinder trotz ihrer Verunsicherung in bezug auf Gott und seine Wege eine unauflösliche Beziehung zu dem brauchten, der versprochen hat: »Ich werde dich nicht verlassen noch versäumen.« Er mußte ihr Prinz werden, ihr Erretter von allen Ungerechtigkeiten dieses Lebens.

Bald erkannte ich jedoch, daß ich den Mädchen wohl wichtige Prinzipien wie diese vermitteln, sie aber nicht dahin bringen konnte zu glauben. Schließlich war ich ja keine Märchenfee, die auf wundersame Weise ihre Einstellung hätte verändern können. Die Entscheidung, ihren Weg mit Gott oder von ihm weg zu gehen, war ausschließlich ihre Sache, und niemand konnte sie ihnen abnehmen.

Durch Gottes Gnade sind heute beide, die unter meiner und meines Mannes Fürsorge groß geworden sind, hochanständige Erwachsene. Unterdessen, während ich von meinen eigenen Märchenvorstellungen weggekommen bin, fühlte ich mich ermutigt, mein erstes Buch zu schreiben: *The Cinderella Syndrome* (Das Aschenbrödel-Syndrom). Darin beschreibe ich die große Lektion, die ich als frischverheiratete Frau und als Stiefmutter gelernt habe, nämlich daß Glücklichsein von einer Wahl abhängt. An dieser Stelle möchte ich aus diesem Buch etwas zitieren, das hierher paßt.

»Wenn du dein Glück von einem anderen Menschen erwartest, bist du auf dem besten Weg, eine echte Enttäuschung zu erleben. Auch der wunderbarste und vollkommenste Mensch auf der Welt wird dich eines Tages enttäuschen.

Meine beiden Töchter waren nicht anders als die meisten Teenies während der Schulzeit. Sie benahmen sich schlecht, sie gehorchten nicht und lehnten sich gegen ihre Eltern auf. Zu unserem Kummer entwickelten sie sich nicht so, wie wir es uns vorgestellt hatten! Und heute streiten sie es auch nicht ab, daß sie damals während jenen schwierigen Jahren unangenehm im Umgang und nicht im geringsten liebenswert gewesen sind.

Es war schon schwer genug gewesen, eine vorbildliche Stiefmutter sein zu wollen, als sie noch klein waren. Doch jetzt war auch mein ganzer Ruf als christliche Persönlichkeit angeschlagen.

Als ich spürte, daß mich unsere Freunde und Glaubensgeschwister in der Gemeinde unfair beurteilten, fing eine bittere Wurzel an in mir aufzuwachsen. Ich hatte fest darauf vertraut und damit gerechnet, daß sich meine Töchter so verhalten würden, daß die Leute einen guten Eindruck von ihnen hatten und ich stolz auf sie sein konnte. (Erwartete man denn nicht von mir, eine Supermutter zu sein?) Statt dessen ließen sie mich im Stich.

Das Problem war, daß ich mein Vertrauen und meine Erwartung in falscher Weise investiert hatte. Meine Kinder waren damit schlicht überfordert, meinen Ruf makellos zu bewahren. Warum müssen wir Eltern eigentlich immer von unseren Kindern erwarten, daß sie unser Selbstwertgefühl in Hochform bringen? Ich weiß es selber nicht, aber überall ist es dasselbe, und ich bin keine Ausnahme gewesen.«

Wenn ich an dir etwas verändern könnte ...

Meine nicht ganz alltägliche Muttersituation hat mich zu dem Schluß geführt, daß Gott uns keinen Auftrag gegeben hat, einander umzumodeln. Und dafür gibt es auch einen guten Grund: wir können nicht über den Willen eines anderen Menschen verfügen. Hast du es auch schon damit versucht, wie es in einem alten Liede heißt: *»Make someone happy, make just one someone happy; then you will be happy, too.«*[1]

Nun, ich habe es versucht; aber die anderen wollten nicht!

Weder du noch ich können einen glücklichen Ehepartner oder ein zufriedenes Kind »machen«. Gewiß, wir können zu ihrem Glück (oder Elend!) beitragen. Und wahrscheinlich können wir auch in einem gewissen Sinn einem anderen Menschen den Tag verderben - wenn er es sich gefallen läßt. Aber obwohl ich andere Menschen beeinflussen kann, besitze ich die Kontrolle über niemand anders als über mich selbst.

Woher kommt es also, daß wir nicht glücklich sind, wenn unsere Kinder nicht glücklich sind? Wenn sie etwas Verkehrtes tun und wir sie strafen, sind sie aufgebracht und leiden, während wir selber Schuld- und Reuegefühle haben. Das Ganze ist ein unseliger Teufelskreis, der durchbrochen werden muß. Weshalb lassen wir uns von unseren Kindern manipulieren? Weshalb manipulieren wir sie?

Es wird die Geschichte erzählt von einem naiven Schweinefarmer, der seinen Viehbestand vergrößern wollte. Also verfrachtete er seine fünf Säue in den kleinen Anhänger und fuhr damit zur Schweinezuchtfarm. Gegen Abend wollte er vom Schweinebesamungsexperten, der die Zuchtfarm betrieb, wissen, wie er denn sicher sein könne, ob die Besamungsaktion gelungen sei.

Der Experte, der einen Extraverdienst winken sah, sagte: »Ganz einfach. Wenn du siehst, daß sich die Schweine nachher im Gras wälzen, sind sie glücklich. Dann hat es geklappt. Wenn du siehst, daß sie sich im Dreck wälzen, sind sie unglücklich, und dann bringst du sie am besten noch einmal her.«

Am nächsten Tag sah der Farmer alle seine Schweine sich im Dreck wälzen. »Sie sind unglücklich, die armen Dinger«, murmelte er, um sie prompt wieder aufzuladen und zurück zur Zuchtfarm zu transportieren. Dieser Vorgang wiederholte sich vier Tage lang. Schließlich gab der Farmer auf. »Jetzt fahre ich nicht mehr hin - das ist nichts anderes als Zeit- und Geldverschwendung.« Als er beiläufig einen Blick durch das Fen-

[1] »Mach jemand glücklich, und wenn's nur einer ist; dann wirst du auch glücklich sein.«

ster warf, bemerkte er zu seiner Verwunderung, wie sich seine fünf Säue aus dem Dreck lösten und lächelnd (wie Schweine eben nur lächeln können) die Ladeklappe hinauf auf den Anhänger trotteten.

Manipulation funktioniert nur dann, wenn beide Parteien im Prozeß involviert sind! Und auch wenn sie zu »Erfolg« führt, ruft sie unweigerlich Groll und Bitterkeit hervor.

Entdecke, was in dich hineingelegt ist

Die Wahrheit ist, daß Gott bei uns allen einen Schlüssel zum Glück in unser Innerstes, in den Kern unseres Willens, hineingelegt hat. Niemand anders hat Zugang zu diesem Schlüssel. Manchmal versuchen wir, den Schlüssel anderen zu geben - in der Hoffnung, sie würden uns glücklich machen. Doch irgendwie versagen sie immer. Vielmehr ist es die Kraft Christi in uns, die uns befähigt, den Schlüssel umzudrehen - auch ohne die Zuhilfenahme anderer.

> Ein jeder Mensch - Kind oder Erwachsener - hält den Schlüssel zu seinem Glück in der eigenen Hand!

Das bedeutet, unsere Kinder können trotz uns glücklich sein. Und wir können trotz ihnen glücklich sein. Ungeachtet unserer Fehler oder unseres Versagens ist es durchaus möglich, daß unsere Söhne und Töchter glückliche, fleißige Menschen sind, weil sie selber den Schlüssel zu ihrem Glück besitzen. Und auch wir, wenn wir nur wollen, können Glück und Zufriedenheit finden. Dabei spielt es nicht unbedingt eine Rolle, was für Probleme unsere Kinder haben!

> Glücklich sein ist eine inwendige Aufgabe!

Im tiefsten Grund gilt das für alle unsere Beziehungen. Wir haben keine Schlüssel für alternde Eltern, Ex-Ehepartner, Schwiegermütter, Schwiegerväter oder enge Freunde mit ihren verschiedensten Schwierigkeiten. Gott hat den Schlüssel zu unserem Glück nicht einem anderen Menschen in die

Tasche gesteckt. Das wäre auch nicht sehr fair! Sonst könnten wir uns ja tatsächlich als Opfer der Umstände betrachten, weil unser Schlüsselhalter nicht mit uns kooperiert.

Wie oft schreiben wir in unserer Einbildung Theatermanuskripte für Szenen, die in uns wohlige, verschwommene Gefühle wecken. Und dann sind wir garantiert jedesmal enttäuscht, wenn solche Szenen in der Wirklichkeit nicht so dargestellt werden, wie wir sie verfaßt haben. Die anderen Darsteller vergessen ihre Texte oder weigern sich, die richtigen Worte zu sprechen, und sie spielen ihre Rolle nicht so, wie sie es nach unserer Vorstellung sollten. In manchen Fällen erscheinen sie nicht einmal zur Aufführung. Und weil wir unsere Erwartungen leider in sie anstatt in uns selber gesetzt haben, sind wir tief enttäuscht.

Gott hat nie gewollt, daß wir, was unsere Lebenserfüllung betrifft, von anderen Menschen abhängig sind. Das heißt aber nicht, daß uns andere nicht manchmal verletzen. Es kommt vor in unserem Leben, daß wir mißbraucht, angegriffen, im Stich gelassen werden. Und gerade hier kommt das, was Gott zu unserem Glück vorgekehrt hat, ins Bild.

Im Haushalt unseres himmlischen Vaters werden die Vaterlosen nie vaterlos gelassen. Diejenigen, welche ein zerbrochenes Herz haben, werden geheilt und müssen nicht Konsequenzen erleiden, über die sie keinerlei Kontrolle besitzen. Sogar die Geschiedenen bleiben nicht für ewig dem Schmerz über ihren Verlust ausgeliefert. Jesus meinte es ernst, wenn er sagte: »Ich lasse euch nicht wie Waisenkinder allein« (Johannes 14,18). Gott sei Dank ist es so, daß Schmerz wohl unvermeidlich, Elend aber freigestellt ist. Den Schlüssel zum Glück haben wir selber in der Hand, während Gott den Schlüssel zur Stillung eines jeden Bedürfnisses hat - in körperlicher, emotionaler und geistlicher Beziehung.

Der Schlüssel zum Glück unserer Kinder

Meinst du immer noch, du müßtest dein Kind glücklich machen? In der Regel versuchen wir es bereits dann, wenn sie noch ganz klein sind. Das geht ungefähr so: Sie weinen. Wir ernähren sie oder legen sie trocken. Sie hören auf zu weinen und lächeln. Ein Glücksgefühl durchströmt uns. Es wird für uns zur Gewohnheit, ihre Unmutsfalten in ein zufriedenes Lächeln zu verwandeln. Wir erlangen eine beachtliche Könnerschaft darin, aber leider kann daraus auch eine Art Süchtigkeit werden.

Vielleicht wissen es die Kinder noch nicht, aber Gott hat nicht vergessen, einen Schlüssel zum Glück in ihre Herzen zu legen. Kinder sind sehr verletzlich und starken Gefühlsschwankungen unterworfen. Ihre Verfassung hängt in beträchtlichem Maße von ihrem neusten Spielkameraden oder vom Spielzeug ab, das sie gerade geschenkt bekommen haben.

»Ist das langweilig«, klagen sie. Also geht der Vater nach draußen und spielt mit ihnen Ball.

»Nichts Spannendes im blöden Fernseher«, beklagen sie sich. Also bäckt die Mutter ihren Lieblingskuchen für sie.

Wie wunderbar, wenn sie anfangen, ihre Antworten nicht mehr in ihrer Umgebung, sondern in sich selbst zu suchen! Belehren wir sie in diesem Sinne?

Unsere Söhne und Töchter werden nie entdecken, was echte Zufriedenheit ist, bis sie anfangen, ihren eigenen Schlüssel zur Tür des Glücks umzudrehen. Manchmal meinen sie, wir Eltern hätten ihn. An schlechten Tagen denken sie, wir hätten ihn beschlagnahmt und das WC hinuntergespült. Es gibt Zeiten, da wünschten wir wohl alle, über einen Schlüssel zum Glück anderer zu verfügen ... um dann alle anderen in unsere Denk- und Verhaltensweise hineinzumanipulieren!

Im »Heute« leben

Junge Menschen - aber auch viele Menschen jeglichen Alters - neigen zu der Auffassung, Glück und Zufriedenheit lägen in einem fernen Lande namens »Wenn nur«.

> »Wenn ich nur einen Super Nintendo hätte.«
> »Wenn ich nur einen Freund (oder eine Freundin) hätte.«

Rezept Nr. 2

Jedes Kind
hält den Schlüssel
zu seinem Glück
selber in der Hand

»Wenn ich nur 16 (oder 18 oder 21) wäre.«
»Wenn ich nur meinen Führerschein schon hätte.«
»Wenn ich nur mehr Geld hätte.«
»Wenn ich nur mein eigenes Auto hätte.«
»Wenn ich nur endlich die Schule hinter mir hätte!«
»Wenn ich doch nur verheiratet wäre.«

Für uns alle ist die Einsicht wichtig, daß wir wie Hamsterer auf einer Tretmühle sind, wenn wir uns im »Wenn nur« verlieren. Wir müssen zuerst uns selber, dann aber auch unseren Kindern beibringen, uns voll am Heute zu erfreuen. Den Moment packen. Dankbar sein für das, was wir im Moment haben. Uns darüber freuen. Gott bitten, uns zu geben, was wir sonst noch brauchen, wann er es für richtig hält. Sonst verpassen wir das Leben und sind tief enttäuscht, wenn nicht gar verzweifelt.

Die folgenden Worte sollten wir uns wie auch unseren Kindern fest einprägen:

> *»Mir ist völlig bewußt, daß es nicht von dir oder von jemand anders abhängt, ob ich glücklich bin. Ich kann mich nicht auf dich stützen, und du kannst dich nicht auf mich stützen, weil keiner von uns dem anderen den Schlüssel zum Glücklichsein reichen kann.«*

Gib nicht mir die Schuld, du selber bist schuld!

So wie wir glauben, für das Glück unserer Kinder verantwortlich zu sein, meinen wir, auch für ihr Verhalten die Verantwortung zu tragen.

Ein herzkranker Vater wurde benachrichtigt, sein Sohn sei wegen Diebstahl festgenommen worden. Als er seinem Teenager auf dem Polizeiposten gegenübersaß, erhob dieser heftige Vorwürfe gegen ihn.

»All diese Probleme würde ich heute nicht haben, wenn du und Mama euch nicht getrennt hättet. Du hast damals auch nicht genug gearbeitet, und deshalb habe ich kein Geld mehr gehabt.«

Bei all seinem Kummer, den ihm die Umstände bereiteten, war dem Vater klar, daß er manipuliert wurde.

»Es tut mir leid, daß du so empfindest. Aber du bist selber dafür verantwortlich, was du machst. Ich bin nicht schuld an deinem Tun, weil ich keine Kontrolle über dich habe. Du wirst die Konsequenzen deiner schlechten Entscheidungen selber zu tragen haben. Keiner von uns kann etwas an der Vergangenheit ändern; aber heute kannst du die Auswirkungen der Vergangenheit ändern, mein Sohn. Vergiß nicht, daß ich dich immer lieben werde und daß ich immer für dich da bin. Aber ich kann und will nicht die Schuld für deine Entscheidungen auf mich nehmen.«

Wenn wir Eltern meinen, wir müßten die Verantwortung für das Verhalten unserer Kinder auf uns nehmen, setzen wir uns vielen Frustrationen, unsagbaren Enttäuschungen und unterschwelligen Schuldgefühlen aus. Die Folge davon ist, daß wir leicht manipulierbar werden und in Abhängigkeit von unseren Kindern geraten.

Kathryn mußte diese Tatsache auf bittere Art erfahren. Andere Eltern verlangten von ihr, sich für das zu entschuldigen, was ihre Kinder angestellt hatten.

Bei den beteiligten Kindern handelte es sich um ältere Teenies. Kathryns Kinder waren in den Vereinigten Staaten aufgewachsen und schon ziemlich welterfahren. Eines Abends hatten sie ein paar ahnungslose Missionarskinder in ein Rockkonzert mitgenommen, ohne deren Eltern um Erlaubnis gefragt zu haben. In der lockeren Atmosphäre dort brachten die weltlichen jungen Leute ihren unerfahrenen Freunden bei, wie man Marihuana raucht. Was für eine Demütigung für Kathryn, als die Sache ans Licht kam!

Dies machte ihr natürlich sehr zu schaffen. Wenn sie vorher etwas davon geahnt hätte, würde sie alles in ihrer Macht Stehende getan haben, um den Vorfall zu verhindern. Als sie von den anderen Eltern zur Rede gestellt wurde, mußte Kathryn schwer schlucken, und sie beteuerte, wie sehr sie das Vorgefallene bedaure. Sie versprach, ihren Kindern wegen dieser Sache ernstlich ins Gewissen zu reden. »Aber«, fügte sie hinzu, »den angerichteten Schaden kann ich nicht wiedergutmachen. Ja, ich kann nicht einmal dafür garantieren, daß sie sich wirklich entschuldigen.«

»Ich sehe nicht ein, weshalb nicht«, konterte die Missionarsmutter mißbilligend.

Kathryn holte tief Luft und entgegnete: »Sehen Sie, unsere Kinder sind alle alt genug, um auch Entschlüsse zu fassen, die nicht gut sind. Und ich glaube nicht, daß wir Eltern die Verantwortung dafür übernehmen können.«

Aufgepaßt vor Pharisäern - sie sind wieder da!

Gestreßte Eltern können in christlichen Gemeinden viel Trost und Zuspruch finden. Doch wie schon an anderer Stelle gesagt, gibt es Situationen, in denen wohlmeinende Christen Öl in die Glut unseres Schmerzes und Kummers gießen. In biblischen Zeiten gab es eine spezielle Klasse religiöser Menschen, Pharisäer genannt - selbstgerechte Leute, die rasch waren in der Verurteilung anderer. Sie vertraten die Theorie, daß, wenn bei einem Menschen etwas schiefging, ganz sicher jemand gesündigt haben mußte. Solche Leute soll es auch heute noch geben. Bei ihnen klingt's dann etwa so: »Gute Eltern haben liebe Kinder, und schlechte Eltern haben ungeratene Kinder.« Die heutigen Pharisäer sind nicht anders als zur Zeit Jesu. Anstatt die Menschen so anzunehmen und zu lieben, wie sie sind, beschäftigen sie sich lieber damit, auf die Fehler anderer zu zeigen.

Wir alle kennen doch wunderbare, fürsorgliche Eltern, die ebenfalls Problemkinder haben. Nicht selten gibt es in der gleichen Familie neben zwei, drei wohlgeratenen Kindern auch ein »Schwarzes Schaf«. Ich kenne aber auch Eltern, die ihre Kinder sträflich vernachlässigen und dennoch die liebenswertesten Kinder haben, die man sich vorstellen kann.

Gutes Benehmen kommt von innen

Es ist unsere ernste Aufgabe, unseren Kindern, wenn sie noch klein sind, ein gutes Wertsystem zu vermitteln. Als Christen machen wir ihnen nicht nur bewußt, was richtig und falsch ist, sondern wir lehren sie auch, ein Bewußtsein für die Nähe Gottes zu entwickeln und ihn zu lieben. Auf diese Weise werden ihre Entscheidungen von Gottesbewußtsein und von einer persönlichen Beziehung zu ihm geprägt sein.

Ein zwölfjähriger Junge saß eines Abends bei seiner Mutter und fragte sie: »Mutti, vergibst du mir, daß ich gestern so geflucht habe?«

Überrascht sah sie ihren Sohn an. »Aber ich habe dich gestern doch gar nicht fluchen gehört. Wann ist denn das gewesen? Und was hast du gesagt?«

»Ach, ich war draußen beim Spielen, und da lief Mark in mich hinein. Das hat mich wirklich wütend gemacht, weil mir das Bein ganz schön weh tat. Und ehe ich es merkte, nannte ich ihn einen #@%*!«

Ein schlimmeres Wort hätte David wohl kaum gebrauchen können. Ungläubig starrte die Mutter ihren Sohn an.

»Wie kannst du nur ein solch schreckliches Wort in den Mund nehmen und jemanden so nennen! Er ist doch nur aus Versehen in dich hineingelaufen. David! Wie konntest du nur!«

»Ja, ich weiß. Und deshalb will ich, daß du mir vergibst.«

In diesem Moment gelangte Davids Mutter zu einer traurigen, aber zutreffenden Erkenntnis.

»David«, seufzte sie, »ich kann dir nicht vergeben, weil nicht ich es bin, der du etwas angetan hast. Du mußt *Gott* bitten, dir zu vergeben.«

»Aber du hast es doch auch nicht gern, wenn ich fluche.«

»Ich weiß, und ich schätze es, daß du es mir gesagt hast. Aber ich trage nur die Verantwortung für das, was du bei uns zu Hause oder in meiner Gegenwart tust oder sagst. Wenn du in meiner Gegenwart so reden würdest, wärst du mir nicht nur eine Entschuldigung schuldig, sondern du hättest auch eine Strafe von mir verdient. Eine solche Sprache gehört sich einfach nicht. Aber das, was du ohne mein Wissen tust, ist eine Sache zwischen dir und Gott. Bring das lieber mit ihm in Ordnung. Doch ich will gerne mit dir beten, wenn du das möchtest.«

Persönliche Verantwortung

Manchmal plagt uns ein unangebrachtes Schuldgefühl. Es lauert im dunkeln und verklagt uns Tag und Nacht. Es will uns glauben machen, als Eltern seien wir unfähig. Wir meinen, wenn wir uns doch nur weniger von der Arbeit gefangennehmen lassen und uns mehr anstrengen oder mehr beten würden, dann könnten wir die Kinder ganz sicher zurechtbiegen! Aber sind wir es, die vor Gott Rechenschaft über unsere Kinder ablegen müssen?

Wenn wir alles getan haben, um unsere Jungen und Mädchen im Kindes- und Jugendalter »in der Zucht und Vermahnung zum Herrn« zu erziehen, dann müssen wir sie später ganz einfach loslassen. Haben wir jedoch nicht alles in unserer Macht Stehende getan, so bleiben uns immerhin ein paar Dinge, die wir noch tun können, um die Situation möglicherweise zu berichtigen. (Wir werden in einem späteren Kapitel darauf zurückkommen.) Aber ob wir unser Möglichstes getan haben oder nicht, in jedem Fall sagt uns die Bibel:

> Jeder von uns wird Gott für sein eigenes
> Tun Rechenschaft ablegen müssen.
> (Römer 14,12)

Hat Gott etwa gesagt: »Jeder soll Gott Rechenschaft ablegen für seinen Ehepartner, für seine Kinder, für seine Freunde, für seine Verwandten und für alle, die seinen Weg kreuzen«? Wie könnte er auch! Wie sollten wir denn verantwortlich sein für jemand, über den wir kein Verfügungsrecht haben? Wenn ich den Schlüssel zum Glück meiner Kinder und für ihr Verhalten besitzen würde, könnte wahrscheinlich manches einen anderen Verlauf nehmen. Aber wir haben eben nur den Schlüssel für uns selbst.

Du bist nur für dich selber verantwortlich! Ist das nicht willkommener Trost? Die folgenden Zeilen fassen das alles auf schöne Weise zusammen.

Jetzt ist es an dir, liebes Kind

Ich habe dir das Leben gegeben,
aber ich kann es nicht für dich leben.
Ich kann dich Dinge lehren,
aber ich kann dich nicht zum Lernen zwingen.
Ich kann dir Anleitungen geben,
aber ich kann nicht immer bei dir sein,
um dich zu leiten.
Ich kann dir Freiheit zugestehen,
aber was du damit anfängst,
ist nicht meine Verantwortung.
Ich kann dich mit in die Gemeinde nehmen,
aber es liegt nicht in meiner Macht, daß du glaubst.
Ich kann dir beibringen, was recht und unrecht ist,
aber ich kann nicht für dich entscheiden.
Ich kann dir schöne Kleider kaufen,
aber ich kann dich nicht inwendig schön machen.
Ich kann dir Ratschläge geben,
aber ich kann sie nicht für dich annehmen.
Ich kann dir Liebe schenken,
aber ich kann sie dir nicht aufzwingen.
Ich kann dich lehren, was Freundschaft ist,
aber ich kann aus dir keinen Freund machen.
Ich kann dich lehren zu teilen,
aber ich kann dich nicht selbstlos machen.
Ich kann dich Respekt lehren,
aber ich kann dich nicht zwingen, andere zu achten.
Ich kann mir wegen deiner Zeugnisnoten Sorgen machen,
aber ich kann deinen Lehrer nicht anzweifeln.
Ich kann dir in Sachen Freunde Rat geben,
aber ich kann sie nicht für dich auswählen.
Ich kann dich über Sex aufklären,
aber ich kann dich nicht rein bewahren.
Ich kann dir sagen, wie das Leben ist,
aber ich kann dir nicht deinen Ruf aufbauen.
Ich kann dich vor Alkohol warnen,
aber ich kann nicht nein für dich sagen.
Ich kann dich vor Drogen warnen,

aber ich kann dich nicht vor ihrem Gebrauch bewahren.
Ich kann dir erstrebenswerte Ziele zeigen,
aber ich kann sie nicht für dich erreichen.
Ich kann dich Freundlichkeit lehren,
aber ich kann nicht für dich freundlich sein.
Ich kann dich vor Sünde warnen,
aber ich kann sie nicht für dich überwinden.
Ich kann für dich beten,
aber ich kann nicht machen, daß du mit Gott lebst.
Ich kann dir von Jesus erzählen,
aber ich kann ihn nicht für dich zum Heiland machen.
Ich kann dir sagen, wie man lebt,
aber ich kann dir nicht ewiges Leben geben.

(Verfasser unbekannt)

Kapitel 5

Schuldbewältigungstherapie

Linderung des Schuldschmerzes

Als die Zeit der psychologischen Erleuchtung anbrach, mußten wir Eltern für alles als Sündenböcke herhalten: Bettnässen, Rauchen, Alkoholismus und so fort. Immer waren die Eltern schuld. Wir waren schlimme Eltern, wenn wir schlimme Kinder hatten.

Wir wollen einmal die beklemmende Frage untersuchen, wer denn eigentlich die Schuld an der Verfassung unserer Kinder trägt. Diese Frage wirkt wie lähmend auf uns, weil es uns innerlich stark belasten will, daß wir Eltern an allem die Schuld tragen sollen. Es ist, als hörten wir ständig das Verdikt des Richters: »Eltern schuldig«.

Was läßt uns so werden, wie wir sind?

»Warum ist mein Kind so?« Eine uralte Frage. Gestreßte Eltern stellen sie seit Jahrhunderten. Handelt es sich hierbei um eine Frage der Vererbung oder aber der Verhältnisse, in denen die Kinder aufwachsen? Die Antwort lautet: sowohl als auch, weil es hier nicht um ein Entweder-Oder geht. Kinder sind das Produkt vieler Faktoren. Dazu gehören:

- Vererbung
- genetische Faktoren
- Einfluß der Eltern
- andere Erwachsene
- nationale Prägungen

- Beeinflussung durch Freunde
- Umgebungsfaktoren
- Einfluß früherer Erfahrungen
- Persönlichkeit
- Temperament
- Begabungen
- Talente
- Stärken
- Schwächen

Menschliches Verhalten läßt sich nicht auf eine einzige Quelle zurückführen. Wie die meisten Dinge im Leben handelt es sich dabei um etwas sehr Komplexes. Wenn jemand an Krebs stirbt, würden wir sicher nicht behaupten wollen, einzig eine schlechte Ernährungsweise sei daran schuld. Eine Herzattacke kommt nicht einfach davon, daß man vielleicht zuwenig Bewegung gehabt hat. Wir haben alle schon von Personen gehört, die trotz gesunder Lebensweise an Krebs erkrankt sind. Manchmal liest man von solchen, die mitten beim Jogging von einer Herzkrise überrascht wurden. Ebensowenig läßt sich ein ungesundes Verhalten auf eine einzige Ursache zurückführen

Dr. Dobson schreibt in seinem Buch *Parenting Isn't for Cowards:*

»Diese Tendenz, die Verantwortung zu übernehmen für alles, was unsere Teenager und erwachsenen Kinder tun, ist nicht nur das Produkt eines psychologischen Beschützungsdrangs, sondern sie spiegelt unsere eigene Verwundbarkeit als Eltern wider. Wir wissen um unsere Mängel und Fehler. Wir wissen, wie oft wir versagen. Auch unter günstigsten Umständen sehen wir uns von Zeit zu Zeit gezwungen, uns zu fragen, was denn nun richtig ist für unsere Kinder. Es kommt vor, daß wir uns in unserem Urteil irren. Dann kommt unsere Selbstsucht zum Vorschein, und wir tun und sagen Dinge, die man nicht ungeschehen machen kann. Und wenn ein Sohn oder eine Tochter einen schlechten Weg einschlägt, wird ein solcher Makel gewöhnlich aufgebauscht.«

Damit aufhören, die Eltern zu schlagen!

Mir gefiel der Titel des Buches im Bücherregal: *What My Parents Did Right.* Die Autorin Gloria Gaither schrieb es als eine Art Gegenmittel für die überall anzutreffende Schuldzuweisung an Eltern. Sie schreibt:

»... Schon früh in meinem Leben wuchs in mir die Liebe zu Gott. Durch ihr Alltagsleben und durch ihr ganzes Wesen lehrten mich meine Mutter und mein Vater etwas über Gott und wie man ihm dient. Das ist nur eines von vielen Dingen, die meine Eltern richtig machten.«

Manche Eltern haben mehr gute als schlechte Seiten; bei anderen ist es umgekehrt. Manchmal müssen wir aufpassen, daß wir nicht das Kind mit dem Bade ausschütten, wenn wir auf unsere Vergangenheit zurückschauen. Sogar schlechte Eltern können ihren Kindern »gute Gaben« geben.

Nach einem Seminar kam eine Frau - Claire hieß sie - auf mich zu. Wir kamen auf ihre Herkunft zu sprechen, und dabei machte sie eine interessante Bemerkung. »Wissen Sie, bevor ich mich bekehrte, hatte ich Alkohol-, Drogen- und Sexprobleme. Hatte mein Vater zuviel getrunken, verging er sich an uns Kindern. Und obwohl meine Mutter davon wußte, unternahm sie nichts, um ihn daran zu hindern. - Ja, ich habe tatsächlich einiges hinter mir«, schloß sie lachend.

Auch wenn man eine solche Geschichte schon tausendmal gehört hat, ist man jedesmal aufs neue schockiert. Ich blickte Claire voller Mitleid an. »Ist es Ihnen schwergefallen, Ihren Eltern zu vergeben?«

Sie nickte lächelnd. »Während den ersten Jahren meines Glaubenslebens schloß ich sie vollständig von meinen Gedanken aus und konzentrierte mich darauf, meine Gewohnheiten zu ändern und die Vergangenheit hinter mir zu lassen. Aber mit der Zeit mußte ich mich doch mit meinen Eltern und meiner Beziehung zu ihnen auseinandersetzen. Und gerade deswegen wollte ich Ihnen das alles erzählen; ich habe im Verlaufe dieses Vergebungsprozesses etwas ganz Interessantes entdeckt.«

»Und was ist das?« fragte ich.

»Ich habe mit Dankbarkeit festgestellt, daß sie mir trotz allem ein paar sehr gute Eigenschaften vermittelt haben. Sehen Sie, so schlecht sind sie auch wieder nicht gewesen. Beide besaßen sie einen guten Sinn für Humor, und sie lehrten mich, über meine Probleme zu lachen. Und wenn mein Vater nicht gerade trank, war er lustiger als alle anderen. Dann machte er mit uns Kindern gewöhnlich einen Ausflug, und alle mochten ihn.«

»Aber ist es nicht trotzdem schwer, all das Schlechte zu übersehen, das passiert war?«

Nachdenklich fuhr Claire fort: »Wissen Sie, wir alle sind gut und schlecht. In jeder Beziehung gibt es etwas, das uns nicht gefällt und über das wir hinwegsehen müssen. Was meine Eltern angeht, waren die Vorgänge damals in emotioneller Hinsicht destruktiv. Aber als ich dann imstande war, ihnen wirklich zu vergeben, fing ich an, sie um der guten Dinge willen, die sie mich gelehrt haben, zu lieben und zu schätzen. Sicher habe ich in bezug auf bestimmte Bereiche noch zuwenig Vertrauen zu ihnen. Aber ich habe mich entschlossen, all die häßlichen Sachen Gott zu überlassen.«

Nicht jeder ist imstande, auf die gleiche Weise seinen Frieden zu finden, wie es Claire im Blick auf ihre gestörte Familie gelang. Es gibt Eltern, die derart unerträglich sind, daß sich zwischen ihnen und ihren Kindern unmöglich eine gesunde Beziehung entwickeln kann. Aber eine Sache muß nochmals gesagt werden: Wir dürfen nicht zulassen, daß die unguten Einflüsse unserer Eltern einen Schatten werfen auf die Art und Weise, wie wir unsere eigene elterliche Verantwortung wahrnehmen. Wohl mögen wir davon beeinflußt sein, aber deswegen brauchen sie uns noch längst nicht zu bestimmen. Mit Gottes Hilfe sind wir fähig, die negativen Auswirkungen der Vergangenheit zu verändern und zu entscheiden, wie sie unsere gegenwärtige Lebensweise prägen.

Was geschehen ist, ist geschehen

In ähnlichem Sinne dürfen Eltern sich in ihrem jetzigen Verhalten ihren Kindern gegenüber auch nicht von deren Vergangenheit negativ beeinflussen lassen. Das geht besonders diejenigen an, die ein Kind adoptiert haben. Adoptiveltern mögen widerspenstiges Verhalten auf unbekannte Faktoren zurückführen, die in der frühen Kindheit auf das Kind eingewirkt haben. Die Fragen, die dabei auftauchen, werden vielleicht nie beantwortet werden können - Fragen wie: »Wurde das Kind mißbraucht? Wurde es abgelehnt oder sonst irgendwie seelisch geschädigt, bevor es zu uns kam?« Es ist durchaus möglich, daß wir die Wahrheit nie erfahren.

Laß mich als Stiefmutter, die zwei Kinder erzogen hat, die nicht meine leiblichen Kinder sind, dich nochmals an einen wichtigen Grundsatz erinnern: Gott hat es so vorgesehen, daß du gerade dieses Kind, diese Kinder bekamst. In diesem Fall sieht sein Plan für dich so aus, daß du ihnen dein Bestes geben sollst. Das übrige ist seine Sache.

Manchmal ist es schwierig, jene Faktoren zu orten, die zu deinem eigenen Verhalten beigetragen haben. In meinem Fall - im populär-psychologischen Jargon ausgedrückt - müßte es heißen: »Aufgewachsen in gestörten Familienverhältnissen«, »physisch mißbraucht«, »ein Opfer« und was weiß ich sonst noch! Ähnlich wie Claire habe ich gelernt, daß diese Begriffe wohl mein Verhalten *erklären*, aber sicher nicht *entschuldigen* können. Ich kann meine Mutter doch nicht für meine Zellulitis verantwortlich machen, nur weil sie es gewesen ist, die mich gelehrt hat, meine Probleme in mich hinein zu fressen und mit einem Milkshake hinunterzuspülen.

Ja, gewiß, mein leiblicher Vater hat eine bescheidene Vaterrolle gespielt. Aber seine Fehlleistung muß bei mir nicht zwangsläufig zu einem verzerrten Vaterbild Gottes führen. Ich glaube, meine Eltern trugen die Verantwortung für das, was sie damals taten; ich trage die Verantwortung für das, was ich jetzt tue.

> Betrachte deine leiblichen Eltern einfach als die biologischen Instrumente deiner Existenz.

Meine Eltern versuchten, ihren Teil zu tun und übten ihre Elternfunktion entsprechend ihren Fähigkeiten aus, so beschränkt und unzulänglich diese auch gewesen waren. Meine

Eltern waren voll verantwortlich für das, was sie in den Jahren meiner Kindheit taten, aber ich bin verantwortlich dafür, wer ich heute bin, weil ich »den Schlüssel in meiner Hand halte«.

Inwieweit tragen meine Eltern die Schuld daran, wie ich heute bin? Überhaupt nicht. Wieviel können sie sich in bezug auf mich als Verdienst anrechnen? Nichts.

Eltern können weder Ruhm noch Schuld für sich in Anspruch nehmen.

Niederschmetternde Eröffnungen verkraften

Wenn du ein Problem hast mit einem übertriebenen Verantwortungsgefühl wegen der Entscheidungen deiner Kinder, dann vielleicht deshalb, weil du dich bemühst, mit extrem schwierigen Verhältnissen fertig zu werden. Was ist es, das dir das Herz gebrochen hat?

Immer mehr Eltern werden heutzutage mit einer der niederschmetterndsten Eröffnungen konfrontiert, die ein Kind ihnen machen kann - daß er oder sie schwul beziehungsweise lesbisch ist. Das versetzt ihnen einen schweren Schlag, ohne Ausnahme. Für gläubige Eltern sind solche Umstände besonders niederschmetternd. Auch wenn die »Gays« zu erklären versuchen, daß ihre abartige Neigung die Folge früherer Lebenserfahrungen oder sie »eben so geboren« seien, so existiert dennoch keine ernsthafte Statistik, die eine solche Auffassung unterstützt. Zwar gibt es Erlebnisse von Mißbrauchtsein, die einen Menschen anfällig machen können für Homosexualität - ähnlich wie auch andere asoziale Verhaltensweisen, die wir andeutungsweise schon erwähnten -, aber einen alternativen Lebensstil zu übernehmen, das setzt eine bewußte Wahl durch die betreffende Person voraus.

Wie soll man nun auf eine solche Mitteilung reagieren? Barbara Johnson, die mit diesem Problem bei ihrem Sohn Larry konfrontiert wurde, hat mehrere Bücher über das Thema geschrieben, wie man mit den zermürbendsten Lebenskämpfen fertig wird. In einem ihrer Bücher schreibt sie:

»Bei meinen verzweifelten Bemühungen, ihn zur Besinnung zu bringen, stieß ich Drohungen und lieblose Worte aus wie: 'Ich wollte lieber, du wärest TOT als homosexuell!' Ich liebte Larry, aber ich haßte diese Seite an ihm. Ich wollte ihn umarmen, aber ich hätte ihn auch umbringen können - der Gefühlsschock brachte mich komplett durcheinander. Später erfuhr ich, daß betroffene Eltern eine Menge unrealistischer Dinge sagen, wenn sie erfahren, daß ihr Kind homosexuell ist. In meinem eigenen emotionalen Wirbel war das einzige, wozu ich imstande war, Bibelverse über Homosexualität zu zitieren. Und die ganze Zeit über wollte ich es einfach nicht wahrhaben, daß bei uns so etwas tatsächlich geschehen konnte.«

Einige Seiten später zitiert Barbara ein Gedicht, das schon vielen Eltern Trost gespendet hat.

Annahme ist die Antwort auf alle meine Probleme heute.
Wenn ich unruhig und aufgewühlt bin, dann deshalb,
weil es einen Menschen, einen Ort gibt, eine Situation
oder Dinge, bestimmte Umstände in meinem Leben,
die ich nicht akzeptieren kann.
Nicht eher finde ich zu meiner Heiterkeit zurück,
bis ich diesen Menschen, diesen Ort,
diese Situation oder diese Dinge akzeptiere und glaube,
daß es alles für den Moment so ist, wie es sein soll.
Nichts, aber auch gar nichts geschieht in Gottes Welt,
weil Er einen Fehler gemacht hätte.
Erst und nur dann, wenn ich das Leben vorbehaltlos
als solches annehme, kann ich glücklich sein.
Ich brauche mich nicht zu konzentrieren
auf das, was in der Welt verändert werden sollte,
sondern auf das, was in mir und meiner Einstellung
anders werden soll.

(Verfasser unbekannt)

Wie weit geht die Verantwortlichkeit?

Du kennst doch das »Schwarze Peter«-Spiel? Ich habe die Nase voll davon! Unsere Eltern haben getan, was sie damals für richtig hielten. Man soll Eltern heute nicht verantwortlich machen für das, was sie »damals« nicht wußten. Nicht sie. Nicht uns.

Alle Eltern haben irgendwann einmal Fehler gemacht. Manche ihrer fragwürdigen Entscheidungen waren relativ bedeutungslos. Andere waren verhängnisvoll und nicht rückgängig zu machen. Werden unsere Kinder wegen unseres sündigen Verhaltens zu leiden haben? Die folgenden Worte aus Hesekiel 18 helfen uns, eine Antwort auf diese wesentliche Frage zu finden:

»Der Herr sagte zu mir: Was habt ihr da für ein Sprichwort im Land Israel? Ihr sagt:

Die Väter essen unreife Trauben, und die Söhne bekommen davon stumpfe Zähne. So gewiß ich, der Herr, lebe: Keiner von euch, keiner in Israel wird dieses Wort noch einmal wiederholen! Ich habe das Leben jedes einzelnen in der Hand, das Leben des Sohnes so gut wie das Leben des Vaters. Alle beide sind mein Eigentum. Nur wer sich schuldig macht, muß sterben.« (Hesekiel 18,1-4)

In Vers 20 zieht Gott den Schluß:

»Der Sohn soll nicht für den Vater büßen und der Vater nicht für den Sohn. Der Schuldige wird bestraft, aber der Unschuldige geht straffrei aus.« (Hervorhebung durch Verf.)

Gottes Wort läßt kaum einen Zweifel übrig, was die Verantwortlichkeit der Eltern betrifft. Dennoch wissen wir, daß es bestimmte Dinge gibt, für die wir sehr wohl verantwortlich sind. Welches sind diese? Wenn wir an anderer Stelle festgestellt haben, daß wir nicht den Schlüssel zum Glück eines anderen besitzen, mögen wir unsere Taschen leer finden. Trotzdem kommen wir nicht ungeschoren davon.

Elterliche Verantwortlichkeit läßt sich in einem Satz so zusammenfassen: Vor Gott tragen wir Verantwortung *gegenüber* unseren Kindern, aber nicht *für* unsere Kinder. Vor Gott sind die Eltern gegenüber ihren Kinder für folgendes verantwortlich:

- ihnen den Weg zeigen, den sie gehen sollen
- ein Vorbild sein
- aufrichtig, ehrlich, offen sein
- das Kind akzeptieren - bedingungslos
- nach Kräften lieben
- um Vergebung bitten, wenn wir versagt haben
- beten

Es ist unser Auftrag, die volle Verantwortung für unser eigenes Tun zu tragen. Es bedarf all unserer elterlichen Gefühlskraft, um vor Gott diesem Auftrag gegenüber unseren Kindern gerecht zu werden.

Gleichzeitig fangen wir an, einzusehen, daß wir nicht verantwortlich sind:

- für ihr Verhalten
- für ihre Entscheidungen
- für ihre Freunde
- für ihr fehlendes Interesse an der Gemeinde
- für ihren Unwillen und Groll

Die Sache ist klar. Wir können das Innere unserer Kinder (oder irgend eines anderen Menschen!) nicht ändern, weil wir keinen Zugang zu ihren Gedanken und zum Trachten ihres Herzens haben.

Kinder tragen die Verantwortung für ihre Handlungen.
Eltern tragen die Verantwortung für ihre Reaktionen.

Aber auch das ist klar: Wenn wir feststellen, daß unsere Kinder eine fragwürdige Einstellung, schlechte Gewohnheiten oder andere beunruhigende Verhaltensweisen entwickeln, schulden wir es ihnen, uns nach dem Warum zu fragen und den Spuren ihrer Entstehung nachzugehen. Wir müssen es wissen, ob wir einen Fehler begangen haben, oder ob wir an einem wichtigen Scheideweg »nicht dagewesen« sind. Diese Dinge müssen wir wissen, damit wir Korrekturen vornehmen und Beziehungen neu aufbauen können.

Für Beziehungen ist es von äußerster Wichtigkeit, Kommunikationskanäle offen zu halten, sowohl für unsere Kinder wie auch für unser eigenes Wohlbefinden.

Schnell zum Hören, langsam zum Reden

Annie, eine Bekannte von mir, ist eine alleinerziehende Mutter. Wir beide diskutierten zusammen über diese lebenswichtigen Prinzipien, und zwar gerade zu der Zeit, als ihr vierzehn Jahre alter Sohn zu ihr sagte: »Mama, ich durchsteche mir mein Ohr!«

Annies erster Impuls war, ihm antworten zu wollen: »Was? Das laß ich auf keinen Fall zu!« Doch dann traf sie schlagartig die Erkenntnis, daß ihr Sohn sie gar nicht erst um Erlaubnis gefragt hatte. Er hatte sie einfach über seine Absicht in Kenntnis gesetzt.

In Blitzesschnelle (wie es nur eine Mutter tun kann) holte sie tief Luft und sagte so ruhig wie möglich, was sie von dieser Idee hielt. »Ich habe ein bißchen Probleme damit.« Sie schluckte schwer und wollte von ihm wissen: »Welches Ohr, Schatz?«

Sie spürte, wie stark ihr Herz klopfte. Wir leben in Kalifornien und kennen die Bedeutung einer solchen Frage, da nicht wenige Schwule sich mit einem Ring im rechten Ohr zu erkennen geben.

»Ich möchte gerne einen falschen Diamanten am linken Ohr.«

(Whow! Das wäre überstanden.)

Dieser kleine Vorfall veranlaßte Annie, Inventar zu machen und zu überlegen, bei welchen Gelegenheiten und Anlässen sie vorher nein gesagt hatte. Oft hatte ihr Sohn trotzdem nicht gehorcht. Ihre Worte sorgfältig auswählend, bot sie ihm fast ein wenig schüchtern ihren unverlangten Rat an.

»Du weißt ja, daß du dir bald einen Job suchen wirst, und ich fürchte, ein solcher Ohrring macht keinen besonders guten Eindruck auf einen seriösen Arbeitgeber. Und ich denke auch an die Kollegen, die durch einen solchen Ohrring auf dich aufmerksam werden könnten. Ich glaube, er signalisiert bei dir etwas, was du in Wirklichkeit gar nicht bist. Für meine Liebe zu dir wird das auf jeden Fall keinen Unterschied machen; aber wenn du deine Absicht erst einmal wahr gemacht hast, wirst du immer mit diesem Mal leben müssen. Ich halte das also nicht für eine besonders gute Idee.«

Aus Angst, er könnte in ihren Augen ihre wahren Gefühle lesen, mochte Annie ihn fast nicht anschauen. Am liebsten hätte sie ihm zugerufen: »Nein! Absolut nein!« Ihr Sohn schlenderte davon, während Annie innerlich schier zusammensackte und nur ein stummes Gebet zum Himmel emporschicken konnte.

An den folgenden Tagen warf sie jedesmal, wenn ihr Sohn durch die Tür hereinkam, einen kurzen, prüfenden Blick auf sein Ohr. Aus irgendeinem unbekannten Grund führte er aber sein Vorhaben nie aus. Vielleicht, weil seine Mutter keine Überreaktion gezeigt hatte? Oder weil er ihren Rat beherzigt hatte? Wer kann es wissen?

Annie hatte begriffen: nicht verantwortlich *für*, sondern verantwortlich *gegenüber*. Sie hatte die Prüfung mit fliegenden Fahnen bestanden.

Sich vor der Schuldfalle hüten

Das gleiche Prinzip hat für alle unsere persönlichen Beziehungen Gültigkeit. Wir sind in folgendem Sinn voll verantwortlich:

- unserem Ehepartner gegenüber treu zu sein - nicht aber für die Entscheidungen, die er trifft;
- emotional gesunde Entscheidungen zu treffen - nicht aber für die emotionale Gesundheit eines anderen;
- uns um unsere Freunde zu kümmern - nicht aber für sie so etwas wie ein emotionaler Abfallkorb zu sein;
- für unseren Arbeitsplatz - nicht aber für den Erfolg der Firma;
- unsere Eltern zu ehren - nicht aber für ihr Unglücklichsein.

Der Umgang mit meiner eigenen Mutter ist für mich die erste Arena, in der ich mit diesem Prinzip näher bekannt geworden bin. Zu meinem Leidwesen ist meine Mutter eine Expertin in Sachen Schuldzuweisung.

Weil sie meint, ich hätte ihren »Schlüssel zum Glück«, und weil sie unglücklich ist, glaubt sie, ich versäume es, meine Aufgabe als Tochter zu erfüllen. Ständig beklagt sie sich: »Ich habe dir die besten Jahres meines Lebens gegeben. Nie schreibst du mir. Nie rufst du mich an ... Nun gut, du bist sehr damit beschäftigt, anderen Leuten zu helfen. Aber ab und zu könntest du auch deiner eigenen Mutter ein bißchen Glück bringen. Ich weiß, du kommst über Weihnachten wieder nicht nach Hause - okay. Ich werde einfach keinen Weihnachtsbaum aufstellen ...«

Peng! Wenn wir meinen, wir seien *für* jemand verantwortlich, saust die Verurteilungskeule auf uns nieder. Aber heute prüfe ich einfach mich selbst. Bin ich ihr *gegenüber* meiner Aufgabe und Verpflichtung als erwachsene Tochter nachgekommen? Nimmt sie auf meiner Prioritätenliste den ihr gebührenden Platz ein? Wenn ich mich durch diese Überlegungen hindurchgearbeitet habe, bin ich auch imstande, den Schlingen und Pfeilen gräßlicher Schuld-Trips auszuweichen.

Nicht nur überleben können Eltern, sondern auch sich entwickeln! Laßt uns alle die Wahrheit dieses schmerztötenden Rezeptes schlucken:

> Verschaffe dir Klarheit,
> wer eigentlich für was verantwortlich ist.

Mit jedem Jahr, das dein Kind heranwächst, verringert sich deine potentielle Schuld. Kleine Kinder sind in Sachen Führung, Belehrung und Input ganz von ihren Eltern abhängig. Doch je älter ein Kind wird, desto mehr nimmt auch unser Einfluß auf sie ab. Und wenn dein Sohn oder deine Tochter erst einmal alt genug ist, um als erwachsen gewordener junger Mensch selber verantwortliche Entscheidungen zu treffen, verteilt der wahre Richter, der jeden Menschen nach seinen eigenen Taten richtet, die Verantwortlichkeit auf faire und gerechte Weise.

Rezept Nr. 3

Die Eltern
sind nicht **für**,
sondern
gegenüber dem Kind
verantwortlich

Hat dein Kind eine schlechte Einstellung zur Gemeinde? Dann wiederholt es für euch laut und deutlich, ihr Eltern: »Für seine schlechte Einstellung bin ich nicht verantwortlich.«

Hast du ein Kind aufgezogen, das trotzig und aufsässig ist? Dann sprich es mir nach: »Ich bin für sein Gehabe nicht verantwortlich.«

Haßt dein Kind die Schule oder schwänzt es den Unterricht? Dann sprich mir nach: »Ich trage keine Verantwortung für sein schlechtes Verhalten.«

Hat dein Kind zerstörerische Gewohnheiten oder Zwänge?

Weigert sich dein Teenager, sich in Sachen Moral und Sitte verantwortungsbewußt zu verhalten?

Führt dein Kind eine Lebensweise, die mit deinem Wertsystem nicht vereinbar ist?

Die Richter mögen schweigen und sich zurückziehen. Das Urteil über die Eltern ist bereits gefällt: »Nicht schuldig.«

In Selbsthilfebüchern und Psychologie-Seminaren werden wir oft daran erinnert, daß Schuldgefühle bei Christen keine Berechtigung haben. Diese Lehre fußt auf der Tatsache, daß der Sohn Gottes, der vom Himmel herabkam, um unsere verdiente Strafe am Kreuz auf sich zu nehmen, schon für unsere Sünden bezahlt hat. Dennoch ertappen wir uns oft dabei, daß wir immer wieder gegen Reue und Scham ankämpfen, weil wir die gleiche Schuld ein um das andere Mal wiederkäuen.

Vielleicht halten wir es für notwendig, vor Gott unsere Buße immer wieder neu zu demonstrieren. Oder wir glauben, unser Elend sei so etwas wie eine »Schuldentilgung« für die Vergangenheit. Aber Glaube bedeutet, Schuld und Scham dem zu übergeben, der für uns den Preis bezahlt hat und der unsere Mängel dorthin geworfen hat, wo das Meer am allertiefsten ist. Wenn wir uns weigern, von Jesus Vergebung und Frieden anzunehmen, nehmen wir Gott nicht ernst. Dann ziehen wir es vor, uns selber zu verdammen. Wir stellen unsere Gefühle über sein Erlösungswerk.

Das heißt nicht, daß wir über den Verlorenen Sohn oder über die Verlorene Tochter keinen Schmerz empfinden würden. Natürlich tut uns ihr Zustand weh. Aber ein solcher

Schmerz hat nicht die gleiche lähmende Wirkung wie Schuld. Mein Gebet ist, daß wir inzwischen an den Punkt angelangt sein mögen, wo wir neue Hoffnung in uns aufkeimen fühlen - die Hoffnung, daß wir trotz der Fehler, die wir als Eltern gemacht haben, das, was ungetan geblieben ist, unserem himmlischen Vater überlassen dürfen.

Wie sein Wort so schön verheißt:

»Wir wissen: Wenn jemand Gott liebt, muß alles dazu beitragen, daß er das Ziel erreicht, zu dem Gott ihn nach seinem Plan berufen hat.« (Römer 8,28)

Es lohnt sich auch, sich die Weisheit einer Mutter zu eigen zu machen, die selber viel Schmerz und Gebetskampf wegen ihrer Kinder erlebt hat. Ruth Bell Graham (die Frau des bekannten Evangelisten, d.Ü.) schreibt:

RATSCHLÄGE, DIE ICH MIR ALS MUTTER ERTEILE:

- Laß nie die Kommunikation abbrechen.
- Nimm die Telefonanrufe deiner Kinder auf deine eigene Rechnung.
- Laß sie wissen, daß sie zu Hause geliebt und willkommen sind.
- Laß es zu, daß die Kinder anderer Meinung sind als du, vorausgesetzt, sie vergessen den Respekt nicht. (Und manchmal stelle ich fest, daß sie recht haben und nicht ich.)
- Mache einen klaren Unterschied zwischen moralischen und nicht-moralischen Themen.
- Ermutige sie.

Kapitel 6

Das »Verlorene Sohn«-Syndrom

Kinderkrankheiten voraussehen

Ich saß im Flugzeug neben einem Mann, der eine höchst erstaunliche Aussage machte.

»Nun, das würde meinen Kindern nicht passieren«, sagte er selbstgefällig, die Arme über seine Brust kreuzend. »Meine Kinder werden sich bestimmt nicht gegen ihre Eltern auflehnen, weil meine Frau und ich sie nach allen Regeln der Kunst erzogen haben. Wir haben Erziehungs- und Kommunikationsseminare besucht und unsere Kinder ermutigt, sich verschiedensten Sportarten und akademischen Aktivitäten zu widmen.«

Ich traute meinen Ohren fast nicht und fragte ihn: »Was veranlaßt Sie denn, zu glauben, daß so etwas bei Ihren Kindern nicht vorkommt?«

»Sehen Sie, Verehrteste, es ist einfach undenkbar, daß sich meine Kinder je gegen ihre Eltern wenden«, entgegnete er gönnerhaft. »Meine Kinder haben viel zu viel Achtung vor meiner Frau und vor mir. Wir sind zusammen die besten Freunde.«

»Wie alt sind Ihre Kinder?«

»Die Söhne gehen in die fünfte und sechste Klasse, und unsere Tochter ist fünf, im September geht sie in den Kindergarten.«

Ich nickte und vergrub meine Nase in die Zeitschrift, während ich über die selbstsicheren, fast überheblichen Worte dieses Mannes nachdenken mußte. Natürlich hoffte ich, daß er recht behalten würde, konnte ich mir doch gut vorstellen, daß er im gegenteiligen Fall am Boden zerstört sein würde.

Aber seine Überzeugung klang mir irgendwie bekannt in den Ohren. Hatte ich ähnliche Worte nicht schon von anderen gehört, gewöhnlich in Form fromm klingender Redensarten? Hatte ich einst nicht selber solche rosaroten Visionen gehabt?

Realistisch die Möglichkeiten erkennen

Eines Morgens bekam ich einen Anruf von einer Nachbarin. Sie war fürchterlich aufgeregt, weil sie mir mitteilen mußte, ihr halbwüchsiger Sohn habe sich ihr Auto ausgeliehen und damit prompt meinen Wagen, der draußen auf der Straße geparkt war, gerammt.

»Ich werde natürlich den Schaden bezahlen ... Es tut mir so leid. Sagen Sie, haben Sie auch Kinder?«

»Ja, ich habe zwei Mädchen, die in die Grundschule gehen.«

Als ich später mit der Post ihren Scheck erhielt, sah ich, daß der von ihr notierte Betrag mehr als genug war, um den entstandenen Schaden zu decken. Ich ging ans Telefon, um sie auf den Überbetrag aufmerksam zu machen.

»Macht nichts«, seufzte sie. »Kaufen Sie Ihren Mädchen einfach etwas dafür, solange Sie sie noch gern haben.«

Vielleicht sagst du, das »Verlorene Sohn«-Syndrom sei eine Spätkindheitskrankheit, die es schon seit Jahrhunderten gibt; und leider gibt es keine Impfung dagegen.

Tatsache ist, daß ich keine Eltern mit älteren Kindern kenne, die nicht schwierige Zeiten mit ihren Kindern durchgemacht hätten. Die Schwere des Konfliktes mag natürlich nicht in jedem Fall gleich sein, aber die Herausforderung nimmt in der Regel sehr reale und oft erschreckende Formen an.

Wir wollen uns selber gut sein und realistische Erwartungen haben. Wenn wir nicht mit dem rechnen, was möglicherweise geschehen kann, sind wir selber schuld an den großen Enttäuschungen, die wir erleben, wenn es dann doch geschieht. Wenn ich zum Flughafen fahre, rechne ich bei einer bestimmten Geschwindigkeit mit einem flüssigen Verkehrsfluß. Aber was geschieht, wenn sich der Verkehr wegen eines Unfalls verlangsamt und es schließlich zu einem Stau kommt?

Wenn ich das nicht mit einkalkuliere, muß ich mich nicht wundern, wenn ich nervös werde und befürchte, daß ich den Flug verpasse.

Hoffe das Beste
und sei auf das Schlimmste vorbereitet.

Diese neun Worte zeigen uns die richtige Einstellung. Wenn wir Eltern das »Verlorene Sohn«-Syndrom als mögliche Hürde in der zukünftigen Entwicklung unserer Kinder mit einkalkulieren, gelingt es uns eher, damit fertig zu werden. Wenn es sich eines Tages tatsächlich bemerkbar macht, kann es in verschiedensten Formen auftreten. Manchmal dauert es nur kurze Zeit, aber es können auch Jahre vergehen, und möglicherweise läßt es viele Narben zurück. Auf jeden Fall aber ist es ein Weg zur Reife, ein Weg, den unsere Kinder doch irgendwie gehen müssen.

Wie immer auch die Dinge sich entwickeln, stets fangen die Kinder an, ihren Eltern zu entwachsen. Sie probieren ihre Flügel aus. Und schließlich fliegen sie.

Das Gleichnis vom Verlorenen Sohn

Wohl die meisten von uns kennen das Gleichnis vom Verlorenen Sohn. Für den Fall, daß du es noch nicht gelesen hast - es steht im Lukasevangelium im 15. Kapitel in den Versen 11 bis 32.

Wir wissen nicht, ob der weise Vater des Verlorenen Sohnes sich mit dem Unvermeidlichen abfand; jedenfalls zeigte er Haltung und Geduld, als das schlimmste Szenario Wirklichkeit wurde. Er besaß Geistesgegenwart genug, um mit Würde zu reagieren, als die Rebellion seines Sohnes über die Familie hereinbrach. Der jüngere Sohn trat vor seinen Vater hin und forderte: »Vater, ich will meinen Teil der Erbschaft jetzt haben, anstatt darauf warten zu müssen, bis du stirbst!«

Hier war ein Vater, dem das Herz weh tat und der diese finanzielle Konfrontation so rasch wie möglich zu Ende bringen wollte. Darum verzichtete er auf jegliche Diskussion und händigte dem Sohn großzügig aus, was ihm zustand. Er mußte im voraus gewußt haben, daß der Junge seine neugewonnene Freiheit mißbrauchen würde und nicht die nötige Reife besaß, mit dem Geld richtig umzugehen. Aber der Vater verzichtete darauf, dem davonziehenden Sohn nachzurufen: »Du Nichtsnutz, du wirst es alles nur verprassen! Und sage dann nicht, ich hätte dich nicht gewarnt!«

Wenn dieser Vater das »Schlüssel-zum-Glück«-Konzept gekannt hätte, wäre er mit höchster Wahrscheinlichkeit versucht gewesen, nach dem Schlüssel seines Sohnes zu greifen und diesen damit tüchtig durchzuwalken! Doch der Vater bemühte sich, seine Verantwortung in dem Sinne zu tragen, daß er sie *gegenüber* seinem Sohn, nicht aber *für* ihn trug. So gab der Vater dem Sohn, was dieser forderte - nicht im Sinne eines Nachgebens oder einer Kapitulation, sondern im Glauben.

Hier war ein Vater bereit, seinen Sohn die unausweichlichen Konsequenzen seiner miesen Haltung ernten zu lassen. Er stellte sich dem nicht in den Weg und ließ den Dingen freien Lauf, wohl in dem Gefühl, daß es am besten war, wenn alles auf dem schnellsten Weg ein Ende fand. Ich bin sicher, daß dieser Vater im stillen die trostreichen Worte nachsprach, die König David in Psalm 139 niedergeschrieben hatte: »Verstecke ich mich in der Totenwelt - dort bist du auch. «Er vertraute darauf, daß Gott den Sohn irgendwann, irgendwo inmitten seiner »Verlorenen Sohn«- Erfahrung stellen würde.

Für unseren Freund Frank war die Vater-Sohn-Beziehung zu Frank jun. voller Spannungen; die beiden waren das totale Gegenteil voneinander. Trotz ihrer Verschiedenheit tat Frank, Präsident einer familieneigenen Baufirma, sein Bestes, um eine positive Haltung gegenüber Frank jun. einzunehmen und das Beste zu hoffen. Doch trotz allem glaubensvollen Hoffen von Frank sen. schien sich der Sohn nicht zum Besseren motivieren zu lassen.

Mit Müh und Not beendete der Junge sein College-Studium, weigerte sich jedoch ohne Angabe von Gründen, eine Berufslaufbahn einzuschlagen. Der Junior war faul und einfallslos und begnügte sich mit Nichtstun. Es war kaum zu glauben, daß er aus einer solch tüchtigen Familie stammte.

Da half auch nicht, daß der Vater immer wieder Andeutungen fallen ließ über Arbeitsmoral, über die traditionelle Strebsamkeit, die ihre Familiengeschichte auszeichnete, über die Unwahrscheinlichkeit eines Lotteriegewinns sowie über die Genugtuung und die Vorteile des Geldverdienens. Aber nichts konnte den Sohn morgens aus dem Bett bringen - außer wenn es darum ging, mit jungen, langbeinigen Damen Tennis zu spielen. Als es der Vater nach ein paar Jahren satt hatte, dem Sohn freies Logis und freie Kost zu gewähren, jagte er ihn eines Tages aus dem Haus. Er hoffte natürlich, dieser drastische Schritt würde den Junior endlich dazu veranlassen, sich um einen Job zu bemühen. Doch vergeblich.

Es war kaum ein Monat vergangen, da überraschte ihn der Sohn mit der Mitteilung, er hätte geheiratet - eine ältere Frau, die reich genug war, um ihn auszuhalten. Doch nach ein paar Jahren war diese ihres Playboys überdrüssig und löste die Ehe auf. Nach der Scheidung (die vom ersten Tage an voraussehbar gewesen war) ging Frank jun. in sich, wie es vom Verlorenen Sohn heißt.

Während er seine Erfahrungen schilderte, erklärte er, das einzige, was er bedauere, wäre, daß sein guter, alter Vater ihn nicht schon eher davongejagt hatte!

Doch zurück zum Neuen Testament ...

Wer weiß, wie oft der Vater des Verlorenen Sohnes an der Tür gestanden und sehnsüchtig auf das Auftauchen seines Sohnes gewartet hatte. Die Bibel bestätigt, daß der Sohn »in Saus und Braus lebte und alles verjubelte«. Der Vater konnte sich gut vorstellen, wie sein Sohn inzwischen ohne Bleibe und ohne Mittel war.

Aber was soll's; seine Tür stand für den Sohn offen, falls dieser den Weg heim finden sollte. Der Vater wartete, ohne seine Grundsätze aufzugeben - er wartete im Glauben. Wie Dr. Robert Schuller es ausdrückte, daß »Gott das gebraucht, was er nicht vorausbestimmt hat«. Der Vater betete, Gott möge seinem heimkehrenden Sohn alles zum Besten dienen lassen.

Als der Sohn dann tatsächlich nach Hause kam, zerlumpt und innerlich zermürbt, war er offensichtlich ein gutes Stück weiser geworden. Er hielt sich nicht für würdig, wie früher im Familienbetrieb mitzuarbeiten, sondern zeigte sich damit zufrieden, als Knecht Hand anzulegen. Auch durch den Widerstand des älteren Bruders ließ sich der Vater nicht davon abbringen, ein Fest zu veranstalten. Nach Meinung des von Neid und Frust geplagten Bruders hatte der Jüngere alles andere als das verdient.

Aber welche Eltern geben schon ihren Kindern das, was sie verdienen? Ernähren wir sie, weil sie es verdienen? Geben wir ihnen Kleidung, die sie sich selber verdient haben? Werden sie zur Schule geschickt, weil sie Anspruch auf ein solches Vorrecht haben? Nein; Eltern geben, weil sie lieben.

Ich stelle mir vor, daß der jüngere Sohn in ziemlich schlechter Verfassung zurückkam. Wenn man eine Zeitlang mit Schweinen zusammen gehaust hat, riecht man zwangsläufig auch wie ein Schwein. Es muß für die Eltern nicht einfach gewesen sein, festzustellen, wie heruntergekommen ihr Jüngster war und daß er sein Leben lang Narben von seinem Abenteuer davontragen würde.

Machst du dir Sorgen wegen deines eigenen Kindes? Hegst du einen leisen Verdacht, daß er oder sie sich auf gesundheitsschädigende oder sogar verbotene Praktiken eingelassen hat? Vielleicht treibt dich die Ungewißheit fast in den Wahnsinn. Die meisten von uns wissen um die folgende Tatsache:

Die Wahrheit wird uns frei machen.
Aber zuerst wird sie uns wahrscheinlich beelenden.

Wie sollen wir uns verhalten? Sollen wir ihr Zimmer untersuchen? Sollen wir aufbleiben, um zu kontrollieren, wann sie nach Hause kommen? Sollen wir den letzten Freund etwas genauer unter die Lupe nehmen? Oder ist es besser, einfach nichts von alledem wissen zu wollen?

Für eine Zeitlang scheint das die bequemste Lösung. Doch unsere Zuversicht gerät ins Wanken, wenn wir merken, daß unser Vertrauen einen Kratzer bekommt. Das passiert dann, wenn wir bestimmte beunruhigende Entwicklungen beobachten:

- Verändertes Verhalten
- Längerer Aufenthalt im Schlafzimmer
- Fragwürdige Freunde
- Zu spätes Heimkommen
- Gesprächen aus dem Wege gehen
- Verschlechterung im Aussehen und/oder der Gesundheit

Ich weiß, wie du dich fühlst. Du versuchst dir einzureden, all das sei kein Grund zur Beunruhigung. Trotzdem läßt es dir keine Ruhe. Aber du wehrst dich gegen alles Mißtrauen, und herumschnüffeln im Zimmer willst du auch nicht. Doch der Frust ist da, und am liebsten würdest du es aus dir herausschreien:

»Ich weiß, was du treibst!«
»Du riechst nach Rauch ...«
»Mir kannst du nichts mehr vormachen!«

Und als wahrscheinliche Antwort bekommst du zu hören: »Du vertraust mir nicht!« Aber eine lange Liste von Lügen ist alles andere als eine gute Vertrauensgrundlage. Wenn das dein Zustand ist, kann ich dir nur gratulieren! Du bist nämlich in eine neue Phase deiner elterlichen Erfahrung getreten. Du fängst an, dir zu sagen:

Suche nach einem Weg, auch ohne Vertrauen zu lieben.

Es ist eine heilsame Übung für Eltern, wenn sie sich an diesem Punkt über ihre eigenen Gefühle und Enttäuschungen klarwerden und wenn sie ihnen offen ins Auge sehen. Ganz praktisch läßt sich das zum Beispiel so machen, daß du am Ende dieses Kapitels »einen ganz besonderen Liebesbrief« schreibst. Solltest du nicht endlich Schluß damit machen, das Treiben deines Kindes, aber auch deine eigenen Gefühle zu verdrängen? Ob dein Kind diesen Brief zu sehen bekommt oder nicht, spielt keine Rolle. Wichtig ist, daß du den Schmerz, der in dir ist, besser verkraften kannst.

Eltern, seid auf das »Verlorene Sohn«-Syndrom vorbereitet!

Dres. David und Jan Stoop, beide gläubig und als Psychologen tätig, hatten viel Schweres durchgemacht wegen ihres Sohnes, der während Jahren drogenabhängig war. »Die Sache hatte sich zugespitzt«, sagte Jan. »Zuerst war ich die Mutter eines Problemkindes, dann die Mutter eines Galgenvogels. Dann kamen die Drogen. Und dann das Vagabundieren.«

Heute ist ihr Sohn vom Heroin los und dient Gott auf dem Missionsfeld. »Vergiß die Geschichte vom Verlorenen Sohn nicht«, sagt David. »Gib nicht auf. Du weißt nie, wann das Wunder geschieht!«

Die Zeche bezahlen

Dr. Stoops Worte sind ermutigend. Aber es gibt Zeiten, da scheint es, als würde unser Leben durch schlechte Entscheidungen unserer Kinder aufgezehrt, egal, wie alt sie sind.

Eine verbitterte Mutter sagte zu mir: »Es ist nicht fair. Mein ganzes Leben hat sich verändert. Ich mußte mich mit Drogensucht befassen, weil mein Kind drogenabhängig ist. Ich muß mich mit der leidigen Tatsache eines Ex-Schwiegersohns befassen, weil meine Tochter die Scheidung will. Sie treffen ungute Entscheidungen, und wir Eltern müssen sehen, wie wir mit den Konsequenzen fertigwerden. Das ist einfach nicht fair«, wiederholte sie, während ihr die Tränen über die Wangen liefen.

Und sie hat absolut recht. Es ist nicht fair. Das Leben ist einfach nicht fair. Sonst würden wir schließlich nicht in der Kategorie »Gute Leute erleben schlechte Sachen« landen.

- Müssen unsere Kinder für ihre Fehler bezahlen?
- Läßt Gott sie für unsere eigenen Fehler büßen?
- Müssen sie wegen ihrer »Verlorenen Sohn«-Phase ihr ganzes Leben lang leiden?

Die Frohbotschaft des Evangeliums sagt zu jeglicher Art von Vergeltung mit Nachdruck: nein! Dafür starb Jesus, um all unsere Schuld zu bezahlen. Kein anderer kann das. Erfahrungen wie die des Verlorenen Sohnes ziehen allerdings natürliche Konsequenzen nach sich, die sich nicht umgehen lassen.

Angelas Sohn war einundzwanzig, als er seiner christlichen Erziehung bewußt den Abschied gab. Es ging nicht lange, und er war dem Alkohol und dem Zigarettenrauchen verfallen. Hinzu kam, daß er einen Haufen Schulden machte, im ganzen etwa 20 000 Dollar.

Er ging einen Weg, der dem des Verlorenen Sohnes nicht unähnlich war, bis er davon die Nase voll hatte. Als er dann schließlich zu seiner Familie und zum Herrn zurückfand, lösten sich allerdings seine Schulden und schlechten Gewohnheiten nicht einfach auf magische Weise in Nichts auf. Vater und Mutter haben jetzt zwar ihren Sohn wieder zurück, aber nicht in bester Verfassung. Die Umkehr des Verlorenen Sohnes bedeutete nicht automatisch eine Reinigung seiner vom Rauchen verpesteten Lungen oder eine augenblickliche Umstellung seiner Gewohnheiten. Er kommt nicht darum herum, die Zeche zu bezahlen, wenn seine emotionalen und physischen Narben, die er von seinem ausschweifenden Leben davongetragen hat, heilen sollen.

Nicht nur er, auch seine Mutter Angela leidet. Auch wenn sie nur für ihr eigenes Glück verantwortlich ist. Auch wenn ihr Verlorener Sohn wieder zurückgekommen ist.

Wie sieht es mit deinen Gefühlen wegen deines Problemkindes wirklich aus? Mir gefällt das Gedicht, das Ruth Bell Graham schrieb zu einer Zeit, als einer ihrer Söhne den Kontakt mit seiner Familie abbrach.

Sie wartete auf die Stimme,
die nie zu hören war;
sie durchsuchte jede Post nach einem Brief,
nach einer Notiz
oder nach einer Karte,
die seinen Namen trug.
Und auf ihren Knien
des Nachts
und auf den Beinen
des Tages

Rezept Nr. 4

Eltern: Seid auf das «Verlorene Sohn»-Syndrom vorbereitet!

bestürmte sie des Himmels Pforte
um seinetwillen.
Sie flehte für ihn
vor dem himmlischen Hohen Gericht.
»Sei still und warte und schaue« -
das Wort, das Gott ihr gab.
Da war sie gewiß, daß er
in ihm und für ihn und mit ihm
tun würde,
was sie nie zu tun vermochte.
Die Zweifel überwindend,
ging sie dem Tagwerk nach -
darauf vertrauend:
sein Wort ist wahr.
Noch fand der Verlorene Sohn
nicht zurück;
aber Gott ist Gott,
und es gibt viel zu tun.

(Ruth Bell Graham)

Es kann sein, daß noch keines deiner Kinder dem Verlorenen Sohn gleicht. Ich bete, daß es immer so bleiben möge. Vielleicht macht ihr, du und dein Kind, zusammen schwierige Zeiten durch, aber es ist wenigstens noch daheim. Oder vielleicht geht es dir so wie Ruth Graham - du wartest auf die Post, lauschst auf das Telefon, blickst erwartungsvoll zum Fenster hinaus, voller Verlangen, dein verlorenes Kind möge doch wieder heimkommen.

Ein ganz spezieller Liebesbrief

Vielleicht gibt es ein paar Dinge, die du deinem Kind gerne sagen möchtest, kannst es aber nicht. Sich seinen Gefühlen stellen, ist eine gute Medizin, egal, was deine Gefühle sind. Eines der Rezepte, die ich Eltern solcher (und anderer) Kinder verschreibe, ist, ihrem Kind einen Brief zu schreiben, einen Brief, den man gar nicht abschicken will. Indem du das tust, gibst du dir die Gelegenheit, deine Gefühle zu identifizieren. Du wirst sie besser in den Griff bekommen können.

Ein solcher Brief sollte drei wichtige Elemente enthalten:

1. Was das Kind getan hat
2. Was du deswegen empfindest
3. Was du jetzt möchtest

Hier ein paar Ideen für solche Briefe.

Ein Brief von Mutter

Liebe/r ....

Ich brauche diese Gelegenheit, um dir zu zeigen, wie es in mir aussieht. Ich muß mir ein paar Dinge von der Seele schreiben. Weil sich unsere Beziehung verschlechtert hat, habe es ich vermieden, mir über meine Gefühle Rechenschaft zu geben. Aber das möchte ich jetzt tun.

(Laß als nächstes eine Beschreibung dessen folgen, was geschehen ist.)

Soviel Wasser ist unter der Brücke zwischen dir und mir geflossen; es scheint fast, als wäre die Brücke weggespült worden. Du warst ..... Jahre alt. Damals verrietest du die ersten Anzeichen einer Auflehnung, als du ....

Zu den Dingen, die mich so beunruhigten *(erwähne Einzelheiten, wobei es hierbei verschiedene Möglichkeiten gibt)* - dein Verhalten... deine Einstellung... dein Desinteresse an der Gemeinde... dein Widerstand gegen jegliche Autorität... schlechte Gewohnheiten... deine Moral... die Freunde, die du dir ausgesucht hast... die Abtreibung...

(Beschreibe was du empfindest.)

Ich fühle mich (wähle die Worte, die am zutreffendsten sind) an die Wand gedrängt... gedemütigt... verwirrt... verärgert… frustriert… schuldig… *(Vielleicht treffen einige der folgenden Gedanken auf deine Umstände zu… denke einfach an deine eigenen Reaktionen und versuche, sie in Worte zu kleiden, zum Beispiel so…)*

Ich habe mich manchmal gefragt, wann und weshalb du aufgehört hast, mich zu lieben. Ich weiß noch, wie ich für dich gebetet habe, als du noch nicht geboren warst. Ich hatte damals solche Hoffnungen in dich gesetzt, ich hatte meine Träume für deine Zukunft. Ich erinnere mich noch, wie ich versuchte, dir Antworten zu geben, wenn du mir Fragen stelltest über Freunde, Politik, Sport und Hausarbeit. Ich hatte geglaubt, wir hätten eine gute Beziehung.

Manchmal merke ich, wenn du gelogen hast, manchmal auch nicht.

Obwohl du mich oft hinters Licht geführt hast, möchte ich wieder an dich glauben.

Ich habe mir selber die Schuld für alles gegeben. Dann habe ich auch *(erwähne das, was zutrifft)* der Schule… deinen Freunden… der Scheidung… dem Wegzug… die Schuld gegeben.

(Beschreibe jetzt, was du gerne möchtest.)

Zuallererst möchte ich, daß du, soweit die Schuld an unseren Schwierigkeiten bei mir liegt, mir vergibst. Ich liebe dich, und unsere Beziehung ist für mich wichtiger als alles, was sich zwischen uns geschoben hat.

Willst nicht auch Du mich um Vergebung bitten?

Du sollst wissen, daß ich keine Kontrolle über Dich habe, aber auch keine Verantwortung für Dich trage.

Wenn Du mir immer noch etwas nachträgst, dann möchte ich gern wissen, wie wir das bereinigen können. Trotz allem, was wir durchgemacht haben, glaube ich, daß Gott uns beide liebt und daß er seinen Plan mit unserem Leben immer noch durchführen kann.

Ich möchte Dich gerne anhören - nicht, um Dich zu ändern, sondern um zu lernen. Ich versichere Dir, daß ich Dich liebe. Ich werde hier unten auf Erden immer für Dich da sein.

Ich möchte Dich gerne wieder umarmen können, ohne daß ein peinliches Gefühl zwischen uns ist. Ich sehne mich nach einer Kommunikation mit Dir, die in keiner Beziehung behindert ist und Dir zeigt, daß Du mir alles andere als gleichgültig bist.

Vor allem aber verstehe doch bitte, daß ich trotz der vielen Fehler, die ich gemacht habe, versucht habe, mein Bestes zu tun. Ich möchte, daß Du mir vergibst, und auch ich möchte Dir vergeben.

Alles Übrige wollen wir Gott überlassen. In Liebe
Deine Mutter

Ein Brief vom Vater

Manchmal haben Väter ihren Kindern etwas anderes zu sagen als Mütter. Manche Väter haben Schuldgefühle und fühlen sich dafür verantwortlich, daß sie sich zuwenig um ihre Kinder gekümmert haben und dadurch mitschuldig geworden sind, daß es überhaupt zu einer »Verlorenen Sohn«-Erfahrung gekommen ist. Geht es dir auch so, dann laß dir doch das folgende durch den Kopf gehen.

Liebe/r ....

Ich habe über unsere Beziehung nachgedacht und möchte Dich wissen lassen, wie wichtig das für mich ist. Ich kann nicht ruhig in die Zukunft gehen, ohne die Gewißheit zu haben, daß ich die Vergangenheit bereinigt habe.

Wenn ich an all die schwierigen Erfahrungen denke, die wir jetzt durchmachen, so muß ich mir als Dein Vater die Frage stellen: *Habe ich zu dem, was in Deinem Kopf und in Deinem Herzen vorgeht, beigetragen?* Wenn ja, so möchte ich das gerne wissen. Willst Du mir nicht die Dinge, die Du mir vorwirfst, im einzelnen aufschreiben?

Ich möchte gerne die Gelegenheit haben, mit Dir über das alles zu reden. Mir ist klar, daß ich Dich in manchen Dingen enttäuscht habe, und mir sind, während ich dies schreibe, einige davon durchaus bewußt. Willst Du mir nicht vergeben, daß ich .... ?

Ich wünschte, ich hätte mich mehr mit Dir abgegeben, als Du noch kleiner warst und als aus Dir ein junger Mann wurde. Ich habe wirklich viel versäumt. Es tut mir leid, daß ich manches verpaßt habe, was für Dich wichtig war - einen Fußballmatch Deiner Schulmannschaft .... *(Schreibe nieder, was dir in den Sinn kommt.)* Irgendwie war ich zu beschäftigt, und das war nicht richtig.

Im großen und ganzen habe ich versucht, mein Bestes zu tun, und ich möchte, daß Du das weißt. Ich habe Dir nie weh tun wollen, und wahrscheinlich glaubte ich, es wäre wichtiger, Dich finanziell zu unterstützen, als mich persönlich mit Dir abzugeben. Im Rückblick sehe ich ein, daß ich mich darin ziemlich geirrt habe.

Mehr als alles andere möchte ich, daß ich mit Dir von jetzt an Freundschaft schließen kann. Wenn Du das gleiche willst, so laß uns einen Weg suchen, wie wir es schaffen können.

Ich liebe Dich, was immer auch.

Dein Vater

Als letztes über das Thema »Verlorener Sohn« sind hier wohl die Worte Jesu angebracht - das Gebet, welches er für uns alle, die wir ihn kennen und lieben, betete. Sein Wunsch für uns ist stets der gleiche, ob wir in enger Gemeinschaft mit ihm leben oder uns selber wie verlorene Söhne verhalten. Wir wollen ihm für seine wunderbare Fürbitte für uns danken, und dann wollen wir es mit vernehmlicher Stimme zu ihm beten - als unser Gebet für unsere eigenen Kinder.

Heiliger Vater, beschütze sie durch Deine göttliche Macht, damit sie eins werden, so wie Du und ich eins sind - alle, die Du mir gegeben hast, daß keiner von ihnen verlorengeht ... Ich bitte Dich nicht, sie aus der Welt wegzunehmen; aber ich möchte, daß Du sie vor dem Bösen in Schutz nimmst ... Mach sie rein und heilig durch die Lehre der Worte Deiner Wahrheit. Ich sende sie in die Welt, wie du mich in die Welt gesandt hast. Ich weihe mein Leben für sie zum Opfer, damit sie in der Wahrheit und Heiligung wachsen können ... Vater, ich will, daß sie dort sind, wo ich bin. Johannes 17,11-24 (Nach der engl. TLB-Übers.)

Kapitel 7

Geheilt durch die Folgen

Saat und Ernte

Im Garten war alles schön, lieblich und still. Alles war in Ordnung; die Ausnahme bildeten die Kinder Gottes, Adam und Eva. Nachdem die Schlange sie davon überzeugt hatte, daß der tägliche Genuß eines Apfels gut für ihre Gesundheit wäre, schickte Gott sie aus dem Garten. Das war das erste historische Beispiel von »Saat und Ernte«. Wie Josh McDowell und Dick Day in ihrem Buch *»How to Be a Hero to Your Kids«* schreiben:

»Von der Schlange versucht, aß Eva von der Frucht des Baumes, und Adam schloß sich ihr an. Als Gott entdeckte, was geschehen war, ließen die Folgen nicht auf sich warten. Adam und Eva wurden anfällig für den physischen Tod und alle damit verbundenen Strafen, zum Beispiel Schmerzen beim Gebären und die Vertreibung aus dem Paradies (s. 1. Mose 3, 1-19).

Gott hatte die Grenzen, in denen sich Adam und Eva bewegen konnten, klar umrissen; und als sie beschlossen, sich nicht an diese Grenzen zu halten und sie zu überschreiten, mußten sie sich den Folgen stellen. Doch Gott hatte diese Grenzen nicht eher gesetzt, bis er zuerst seine Liebe demonstriert hatte, indem er für alle ihre Bedürfnisse Vorsorge getroffen hatte - in physischer, emotionaler, rationaler, sexueller und geistlicher Hinsicht. Mit der Festlegung von Grenzen gab Gott Adam und Eva eine Gelegenheit, seine Liebe durch Vertrauen und Gehorsam zu erwidern.

Eltern, die Kinder aufziehen, gehen auf ganz ähnliche Weise vor. Die Eltern sind dafür verantwortlich, daß sie ihren Kindern Grenzen zuweisen. Es sind jene Einschränkungen, die du auf der von dir bereits gelegten Grundlage der Liebe verfügst. Durch die Festlegung solcher Einschränkungen auferlegst du dem Kinde die Eigenverantwortung für sein Tun und Verhalten.«

Gott hielt den ersten Menschen und die erste Frau mit Recht dafür verantwortlich, was sie taten. Sie wurden angewiesen, ihre Feigenblätter zusammenzupacken und sich davonzumachen. Der Herr gab ihnen ein paar Anweisungen, an die sie sich *»East of Eden«* halten sollten. »Seid fruchtbar und mehrt euch«, hieß er sie, und diesmal gehorchten sie. Ich habe mich oft gefragt, ob dieses Geheiß nun ein Segen oder Teil des Fluches war!

Oh ja, fruchtbar waren sie. Zwei Früchte hatten sie hervorgebracht, Kain und Abel, die beide das erste Kapitel geschwisterlicher Rivalität schrieben. Und auf diese Weise nahm das elterliche Kreuz seinen Anfang. Gottes Kinder, Adam und Eva, erfuhren am eigenen Leibe, was Saat und Ernte bedeutet, lange bevor Paulus darüber in Galater 6,7 schrieb.

»Macht euch nichts vor! Gott läßt keinen Spott mit sich treiben. Jeder wird ernten, was er gesät hat.«

Die Retter

Gott hat immer versucht, seine Kinder davor zu warnen, daß wir ernten, was wir säen. Wenn wir Korn säen, werden wir Korn ernten. Wenn wir Unruhe säen, werden wir Unruhe ernten. Und wenn unsere Kinder Probleme säen, sollten sie eigentlich auch keine Rettungsversuche von Vater und Mutter ernten!

Ebenso wie unsere Bemühungen, »die Kleinen glücklich zu machen«, an der Wiege beginnen, tun es auch die Rettungsmuster.

Das Baby fordert Aufmerksamkeit, indem es nach Leibeskräften schreit. Mama lächelt nachsichtig und sagt: »Ach, das süße Kleine. Es muß gewiß wieder Hunger haben.«

Der Säugling bekommt einen Wutanfall, und Papa meint

entschuldigend: »Ach, der arme kleine Engel. Er hat heute noch nicht geschlafen.«

Der Kleine im Vorschulalter will uns keine Ruhe lassen, während wir uns mit jemandem unterhalten. Wir belohnen ihn dafür mit einem Mundvoll Gummibären, die ihm garantiert die Zähne zusammenkleben und ihn auf diese Weise zum Verstummen bringen.

Das Schulkind vergißt seine Hausaufgaben zu machen. »Schätzchen, du willst doch nicht die ganze Zeit nur spielen, oder? Aber wann bleibt dir sonst auch Zeit dafür, du Armes!«

Und was passiert dann? Unsere Kinder, wenn sie älter geworden sind, kommen nach Hause und sagen:

- »Ich habe meinen Job verloren, Mama - mein Chef hat mich schon immer auf dem Kieker gehabt. Wie soll ich jetzt die Raten für mein Auto abzahlen?«
- »Man hat mich erwischt, weil ich mit einem Bier im Bauch gefahren bin. Jetzt muß ich ganz schön blechen, aber ich weiß nicht, wo ich das Geld hernehmen soll. Wirklich, ich hatte nur ein einziges Glas getrunken, und dafür ließ mich der Bulle pusten!«
- »Sieht so aus, als ob ich wieder bei euch einziehe. Jim und ich haben uns gestern abend verkracht. Er ist einfach ein blöder Kerl. Wenn ich vorher gewußt hätte, wie er in Wirklichkeit ist, würde ich ihm gar nicht erst den Rat gegeben haben, seine Frau zu verlassen.«
- »Du, Daddy, jetzt haben die doch tatsächlich Stoff in meinem Schrank gefunden. Wirklich, der hat nicht mir gehört. Keine Ahnung, wie der dorthin kam!«
- »Mom, ich bin schwanger - die Vasotomie [Durchtrennung des Samenleiters] von Joe war ein großer Bluff. Aber die Abtreibung ist für morgen vormittag abgemacht. Würdest du mich hinfahren?«

Mein verstorbener Schwiegervater, der beliebte Dr. Herbert Ezell, mußte immer lachen, wenn er die Geschichte von einem seiner einstigen Kommilitonen erzählte, der das Studium auf die leichte Schulter genommen und bei Gelegenheit ein SOS folgenden Inhalts nach Hause geschickt hatte:

DEAR DAD:
NO MON ..... NO FUN ..... YOUR SON[1]

Dad ließ mit der Antwort nicht auf sich warten:

DEAR SON:
TOO BAD ..... SO SAD ..... YOUR DAD[2]

Wie viele Entschuldigungen und Ausreden mag es wohl auf der Welt geben? Zu viele, als daß man sie zählen könnte. Und was ich soll ich tun, wenn ich mit einem ganz neuen Arsenal von Ausreden konfrontiert werde? Soll ich noch mehr Fragen stellen? Soll ich auch weiterhin einfach die besten glauben? Soll ich mein Kind machen lassen, nur um unsere Beziehung nicht zu gefährden? Soll ich meinem Sohn finanziell unter die Arme greifen, bis aus ihm endlich etwas Gescheites wird? Sollen wir unsere Tochter in ihrem ewigen Studententum noch weiter unterstützen?

Da steckt tief in unserem Innern immer noch etwas, das beständig sagt: »Warum denn nicht? Gib ihnen doch noch eine Chance.« Aber sind unsere gutgemeinten Bestrebungen der Entwicklung unserer Kinder auch tatsächlich förderlich? Glauben wir, daß sich unsere Söhne und Töchter wegen unserer vermeintlichen Wohltaten in unserer Schuld fühlen? Die Wahrheit ist doch, daß wir für unsere Selbsttäuschung schwerlich ihren Respekt ernten. Ihr Dank ist von kurzer Dauer. Und die Hilfestellung, die wir ihnen gegeben haben, wird in ihnen kaum Reuegefühle wecken.

Kennen wir den von Eltern gelegentlich geäußerten Spruch: »Das tut mir mehr weh als dir«? Das mag wohl auf Kinder bis zehn einen gewissen Eindruck machen, aber später, vor allem wenn sie erwachsen sind, erwartet niemand von uns, daß uns etwas mehr schmerzen soll als sie. Der Schmerz, den wir empfinden, soll nicht ewig dauern! Sind unsere Kin-

[1] Lieber Papa ..... kein Geld ..... kein Spaß. Dein Sohn.
[2] Lieber Sohn ..... wirklich schlimm ..... ganz traurig. Dein Papa

der erst einmal soweit, daß sie selber die Verantwortung für ihr Tun und Lassen tragen können (und ihren eigenen »Schlüssel« besitzen), sollen sie auch die Folgen ihrer Entscheidungen tragen - nicht wir!

Irgendwie muß es ein Ende damit haben, daß wir den Preis für unsere herangewachsenen Kinder bezahlen. Kein Wunder, daß sie sich irgendwo mit ihren Freunden austoben, während wir uns abmühen, den von ihnen angerichteten Schaden wiedergutzumachen. Wir müssen zu dem Punkt gelangen, wo wir sie die Konsequenzen selber tragen und die bittere Frucht ihrer eigenen falschen Entscheidungen selber essen lassen.

Gott als Erziehervorbild

Gott geht bei Auflehnung auf sehr direkte, ehrliche Weise vor. Wir Eltern sind gut beraten, wenn wir seine Methoden nachahmen. Spiegelt das folgende nicht die Erfahrung mancher ringender Eltern wider?

»Ich habe immer wieder geredet, doch ihr habt gar nicht zugehört. Mit erhobenem Finger habe ich gedroht, und keiner hat darauf geachtet. Ihr habt euch nicht zurechtweisen lassen und jeden Rat in den Wind geschlagen. Macht nur so weiter, die Folgen bleiben nicht aus! Dann ist die Reihe an mir, zu spotten. Wenn Angst und Schrecken über euch kommen wie ein fürchterlicher Gewittersturm ... Wer sich jeder Einsicht verschließt und sich weigert, Gott ernst zu nehmen, wer meine Ratschläge von sich weist und auf keine meiner Warnungen hört, der muß dann auch die Folgen tragen und auslöffeln, was er sich eingebrockt hat.« (Sprüche 1,24-27. 29-31)

Was ist unsere Aufgabe als Eltern? Das Neue Testament fordert uns auf, »sie [unsere Kinder] mit Wort und Tat nach den Maßstäben zu erziehen, die der Herr gesetzt hat.« (Epheser 6,4)

Wir sollen sie in ihrer Entwicklung fördern, für sie sorgen und darauf achten, daß sie alles haben, damit sie ein gesundes Wachstum erfahren. Ermahnungen nehmen nunmehr die Form gutgemeinten Tadels oder wohlwollender Ratschläge an. Das scheint doch eine ziemlich leichte Aufgabe zu sein, nicht wahr? Doch was ist, wenn sie unsere ach so wunderbare Fürsorge nicht würdigen und unseren gewissenhaften Ermahnungen überhaupt keine Beachtung schenken?

Offensichtlich kommt sich Gott keineswegs als schlechter Vater vor, wenn er versucht hat, sein Kind zu korrigieren und ihm zu raten und dieses sich weigert, ihm zu gehorchen. Er wartet ganz einfach ab und sieht zu, während er zuläßt, daß das Kind die natürlichen Folgen (die Frucht) seiner Auflehnung erntet.

Es ist ein bedauerlicher Fehler von uns Eltern, wenn wir weiterhin die Dummheiten unserer Kinder unterstützen und sie darin noch bestärken. Solange wir unseren Kindern Rettungsringe zuwerfen, werden sie nie lernen, zu schwimmen oder aber zu sinken. Falls wir wollen, daß unsere Söhne und Töchter festen Boden unter ihre Füße bekommen, müssen wir sie selber diese oder jene schwere Verantwortung tragen lassen. Andernfalls werden sie nie die Last ihrer eigenen törichten Verhaltensmuster verspüren.

> Bewahre dein Kind nicht davor,
> zu ernten, was es gesät hat.

Bei unseren minderjährigen Kindern ist es natürlich eine andere Sache. Ihnen müssen wir Grundsätze beibringen und sie gleichzeitig vor katastrophalen Folgen bewahren. Erwischst du deinen Dreijährigen dabei, wie er mit Zündhölzern spielt, wirst du schnellstens das Feuer löschen und ihm dann klarmachen, welche Konsequenzen solche Spielereien nach sich ziehen können, und du tust dies auf eine Weise, ohne daß du ihn die ganze Nachbarschaft anzünden läßt. Doch wenn unsere Kinder älter werden und wir uns in das natürliche Prinzip von Saat und Ernte eingemischt haben, stellen wir vielleicht eines Tages fest, daß wir gesellschaftliche Parasiten aufgezogen haben, Menschen, die mehr als zufrieden damit sind, auf Kosten der Regierung, auf Kosten von Freunden oder auf Kosten einer Ehefrau zu leben. Laßt uns unseren Kindern die Freiheit und die Möglichkeit geben, ihre eigenen Fehler zu machen. Es gilt, endlich Festigkeit an den Tag zu legen und uns vorzunehmen, ihnen in Zukunft nicht mehr aus jeder Klemme heraushelfen zu wollen - aus ihrer liederlichen Behausung, aus ihren unbezahlten Schulden, aus ihrem groben Benehmen, ja schlimmstenfalls nicht einmal aus dem Knast.

Solche Entscheidungen zu treffen, ist für Eltern alles andere als leicht. Nur wenige von uns haben eine glasklare Wahl zwischen Gut und Böse zu treffen. Ich erinnere mich noch, wie ich damals das Iran-Contra-Hearing verfolgte und Oberst Oliver North sagen hörte:

»Es ist leicht, zwischen richtig und falsch zu wählen. Viel schwieriger ist es, wenn man zwischen gut und besser zu wählen hat. Und das Schwierigste von allen ist, wenn man sich zwischen schlecht und schlechter zu entscheiden hat.«

Was unsere Kinder betrifft, ist es schlecht, mit ansehen zu müssen, wie sie »ernten«. Doch viel schlimmer ist es, sie darin zu unterstützen, einen zerstörerischen Lebensstil zu entwickeln.

Bill, ein guter Freund von uns, erzählte Hal und mir, wie er sich gezwungen gesehen hatte, die Polizei über ein Verbrechen zu informieren - sein Sohn hatte von seinem Zimmer aus einen regelrechten Drogenhandel aufgezogen. Bill sagte, das sei sowohl der schlimmste wie auch der beste Abend seines ganzen Lebens gewesen. Eine qualvolle Erfahrung war es deshalb gewesen, weil sein Sohn glaubte, Bill hätte ihn verraten. Doch letzten Endes erwies sich sein Schritt als eine gute Entscheidung. Diese herzzerreißende Erfahrung bedeutete den Anfang vom Ende des »Verlorenen Sohn«-Syndroms.

Weil wir unser eigen Fleisch und Blut lieben, »empfinden« wir es für richtig, wenn wir sie decken und ihre Vergehen entschuldigen. Aber dadurch verlängern wir nur den von ihnen eingeschlagenen falschen Weg. Und nebenbei kommen wir uns vielleicht noch wie gottesfürchtige Märtyrer vor, indem wir die bitteren Früchte unserer Kinder schlucken, die sie eigentlich selber essen sollten.

Rezept Nr. 5

Laß dein Kind **ernten**, was es **gesät** hat

Uns selber entlasten wollen

Wenn wir eine »schlechte Nachricht« über unsere Kinder erfahren, geschieht dies gewöhnlich im Laufe eines Prozesses. Man macht uns gegenüber Andeutungen, Verdacht kommt auf, und dann beginnt die Wahrheit durchzusickern. Unsere Gefühle werden wie durch den Fleischwolf gedreht, wenn das alles losgeht. Wir fühlen uns in unseren Bemühungen, gute Eltern zu sein, lächerlich gemacht. In den Augen unserer Freunde kommen wir uns wie Narren vor. Wir sind frustriert und verzweifelt. Wenn wir uns selbst gegenüber ganz ehrlich sind, müssen wir zugeben, daß es uns bei unseren Rettungsversuchen mindestens ebenso um unsere eigene Entlastung geht wie um diejenige unserer Kinder.

Wir möchten gerne, daß sie sich entsprechend dem Drehbuch verhalten, das wir für ihr Leben geschrieben haben. Tun sie das nicht, probieren wir, die Umstände anzupassen, um sie so rasch wie möglich in Übereinstimmung mit dem Drehbuch zu bringen.

- Wir stellen sie uns im Geiste als fleißige Studenten und als verantwortungsbewußte Kinder vor. Darum schreiben wir unehrliche Briefe an den Lehrer, um ihre unvollständigen Hausaufgaben zu entschuldigen.
- Wir wollen ihre unerlaubten Aktivitäten vor Freunden und Verwandten verbergen, und deshalb setzen wir alles in Bewegung, um sie aus der Untersuchungshaft freizubekommen.
- Wir wollen, daß sie Erfolg haben und »uns stolz auf sie machen«. Darum bezahlen wir ihre offenstehenden Rechnungen und stecken ihnen Geld zu (manchmal hinter dem Rücken unseres Ehepartners), damit sie nicht »einen solchen Krampf« haben müssen.

Das Herz im Leibe tut uns weh wegen ihnen. Wir empfinden mit ihnen die Schande, ihr Gefühl, versagt zu haben, ihr Unvermögen, den Dingen gewachsen zu sein. Oft haben wir gemischte Motive. Vielleicht wissen wir selber nicht einmal, warum wir gewisse Dinge tun. Aber das Rettungsmuster, zu helfen, zu entschuldigen, eine gegenseitige Abhängigkeit bewahren zu wollen, ist gefährlich. Viele Kenner sehen darin ein Verhaltensmuster, das in uns so etwas wie eine zwanghafte Abhängigkeit auslöst, hervorgerufen durch unsere Unfähigkeit, mit unserer eigenen Depressivität, unserem eigenen geringen Selbstwertgefühl oder unserer eigenen inneren Leere fertig zu werden.

Und manchmal machen wir gläubigen Eltern auch den Fehler, daß wir versuchen, im Leben unserer Kinder den Heiligen Geist spielen zu wollen. Wir probieren, uns entsprechend dem Bibelwort zu verhalten: »Die Güte Gottes führt uns zur Buße.« Im Vertrauen darauf, daß »alle Dinge zum Besten zusammenwirken«, mischen wir uns ein und klemmen den Saat/Reife-Prozeß ab, bevor dieser überhaupt seinen Zweck erreicht hat, nämlich unseren Kindern wertvolle Lektionen zu vermitteln.

Gewiß, Gott ist voller Liebe. Aber er besitzt auch Weisheit genug, um zusammen mit der Gegenwart gleichzeitig auch die Zukunft im Auge zu behalten. Er möchte, daß wir ihm unsere Kinder freigeben, damit er sie zurechtbringen kann. Und wenn wir still genug werden, um seine Stimme vernehmen zu können, hören wir ihn vielleicht zu uns sagen: »Auf dich haben sie nicht gehört. Weshalb gibst du mir also nicht eine Chance, ihre Aufmerksamkeit zu gewinnen?«

Der kleine Jakob war fünf Jahre alt und ein wahrer Schrekken für die ganze Umgebung, wenn er auf seinem Dreirad durch die Gegend kurvte. Das Haus seiner Eltern lag an einem Hang, und die Zufahrten zu den umliegenden Häusern waren ziemlich steil. Obwohl die kleine Straße, in der seine Eltern wohnten, eine Sackgasse bildete und wenig Verkehr aufwies, hatte ihm seine Mutter unzählige Male verboten, von den Zufahrten der Nachbarn aus in die Straße hinauszufahren.

»Niemand sieht dich kommen, Jakob. Du fährst die Zufahrten einfach zu schnell hinunter, und wenn du so weitermachst, wirst du eines Tages noch mit einem Auto zusammenstoßen.«

Das Problem war nur, daß es für ihn und seine Spielkameraden ein echter Fun war, die abschüssigen Zufahrten möglichst rasant hinunterzusausen und das Tempo zu genießen.

Oft genug, wenn Sheila, seine Mutter, einen Blick zum Fenster hinaus warf, sah sie nur noch einen Schatten den Hügel hinunter flitzen.

»Jakob!« schrie sie. »Sofort kommst du rein.« Sie behandelte seinen Allerwertesten. Sie erteilte ihm Startverbot. Sie entzog ihm den Nachtisch. Für ein paar Wochen zeigten diese Maßnahmen Wirkung bei Jakob. Aber ehe sich Sheila versah, spielte er ihr wieder die gleichen Streiche.

Eines Tages lud Sheila ihre Einkäufe aus dem Wagen aus. Als sie dabei aufblickte, sah sie gerade noch zwei Dinge geschehen. Jakob kam die Zufahrt vom Nachbarn heruntergesaust, und gleichzeitig nahte ein Auto.

Sie schrie auf. Die Autobremsen quietschten. Ein dumpfer Schlag folgte, und sie sah, wie Jakobs Kopf auf den Asphalt aufschlug. Von Panik ergriffen, rannte sie zu ihm. Er war an der Stirn verletzt und blutete. Zum Glück war er noch am Leben und bei vollem Bewußtsein.

»Ich bin schuld, Mama«, wimmerte er. »Ich habe dir nicht gehorcht.«

Sheila versuchte, den Autofahrer, der beinahe hysterisch zu werden drohte, zu beruhigen. Dasselbe versuchte sie auch bei sich selber, zitterte sie doch am ganzen Leibe, als sie ihren bleichen, ebenfalls zitternden Jungen zur Notfallstation fuhr. Erleichtert vernahm sie nach einer kurzen Untersuchung vom Arzt, daß Jakob außer Schürfungen keine Verletzungen davongetragen hatte, dafür jedoch einen um so größeren Schrecken!

Der Vorfall zeitigte ein permanentes Resultat: Nie wieder sauste Jakob mit seinem Dreirad die Straße hinunter!

Quälende Selbstvorwürfe

Wäre Jakob ernstlich verletzt oder gar getötet worden, hätte sich Sheila wohl für den Rest ihres Lebens Selbstvorwürfe gemacht. Sie hatte ihr Bestes getan, um den Jungen von seinem unvorsichtigen Tun abzubringen, aber er hatte ihr nicht gehorchen wollen. Da er ja noch jung war, hätte sie sich wahrscheinlich gesagt: »Ich hätte ihm das Dreirad einfach wegnehmen sollen. Oder wir hätten in eine andere Straße umziehen sollen. Ich hätte auch in dem Moment besser auf ihn aufpassen sollen.« Solche und ähnliche Selbstvorwürfe sind bei geprüften Eltern keine Seltenheit.

Eltern sollten sich durch solche Selbstvorwürfe weder jetzt noch zukünftig um Segnungen bringen lassen. Wenn du dich wegen eines Erziehungsfehlers, den du glaubst begangen zu haben, selbst anklagst, so bitte Gott um Vergebung, bitte dein Kind um Vergebung und vergib auch dir selber. Mache einen neuen Start, was Treue und Glaubwürdigkeit betrifft. Du brauchst den Standard nicht zu senken, prüfe aber deine Erwartungen. Vor allem aber verzichte nicht auf deine Führungsposition und wirf nicht das Handtuch.

Faye weinte, als bräche ihr das Herz. In Wahrheit war es schon gebrochen. Ihre Worte spiegeln die Gedanken und Kämpfe vieler Eltern wider:

»Man kann doch nicht seinen eigenen Sohn wegweisen! Da war er, an mein Schlafzimmerfenster klopfend, und bat, wieder nach Hause kommen zu dürfen. Clyde ist erst neunzehn und steckt wieder tief in seinem Drogenproblem drin. Es hat schon früher Zeiten gegeben, wo er drogenabhängig gewesen ist. Daß er mir nicht so entsetzlich weh tun wollte, dessen bin ich sicher. Eine Drogenentzugskur hat nichts gebracht, und er findet keine Arbeit. Mein Mann hat ihn aus dem Haus geworfen, nachdem Clyde unsere Fernseh- und Stereoanlage gestohlen hatte - zweimal. Ich weiß, daß er sie verkauft und sich mit dem Geld Kokain besorgt hat, aber ich will ihm nochmals eine Chance geben. Es bricht mir fast das Herz, ihn leiden zu sehen. Mein Mann und ich streiten uns beständig deswegen. Ich mache mir solche Vorwürfe, daß ich ihn nicht anders erzogen habe. Ich muß meinem Sohn helfen; schließlich bin ich seine Mutter!«

Faye hat zum Teil recht. Ihr Sohn braucht wirklich Hilfe. Aber ihre Selbstvorwürfe helfen ihm überhaupt nicht und ihn noch unterstützen erst recht nicht. Kinder merken es ganz genau - sie wissen, welcher Elternteil der nachgiebigere ist. Und an seiner Schulter weinen sie sich dann aus. Faye und ihr Mann brauchen Unterstützung und Rat von anderen Eltern, die so etwas schon durchgemacht haben. Es ist wirklich nicht leicht, ja fast unmöglich, uns gegen den Ansturm von Selbstanklagen, die unweigerlich auf uns eindringen, zu behaupten.

Bist du mitten drin in einer solchen Situation? Es gibt Hilfe! Bereits bestehen mancherorts Unterstützungsgruppen von Eltern, die anderen betroffenen Eltern Hilfe anbieten.

Sich darauf einstellen, aufzugeben

Für betroffene Eltern ist es an der Zeit, die Unterstützung, die sie brauchen, zu finden, mutige Entscheidungen zu treffen und eine Einstellung zu entwickeln, die eine Mischung aus Festigkeit und Liebe bildet. Wir wollen uns darauf festlegen, daß wir um unserer eigenen emotionalen Gesundheit willen und um jener unserer Kinder nie wieder

- ersetzen, was sie kaputt gemacht haben
- sie decken und wegen ihnen lügen
- uns wegen ihres Verhaltens entschuldigen
- für sie Bürgschaft leisten
- ihre Schulden bezahlen

Unser Ziel, gestützt von unserem Glauben, muß sein, sie ernten zu lassen, was sie säen. Mit Gottes Hilfe hat dies vielleicht zur Folge, daß sie von ihren Irrwegen viel rascher umkehren, als wir denken. Bis es soweit ist, ist Loslassen angezeigt - mehr darüber im nächsten Kapitel. Doch im nachfolgenden ein paar Worte von Barbara Johnson, die uns darauf vorbereiten sollen, unsere Söhne und Töchter den Händen ihres himmlischen Vaters zu überlassen.

»Es gibt mehrere Phasen, die wir alle durchlaufen, wenn wir versuchen, ein Problem vollständig Gott zu überlassen. Die erste kommt, wenn dir das Leben einen heftigen Schlag versetzt - in dir ist alles aufgewühlt. Du hast den Eindruck, als wäre in deinem Innern ein Haufen Messer, die sich gegenseitig schleifen ...

In der nächsten Phase möchtest du am liebsten dein Kind und dann dich selbst umbringen. Der Zorn und der Frust packen dich derart, daß du dein Temperament nicht mehr unter Kontrolle hast. Es kommt dir vor, als würde es dich innerlich buchstäblich verbrennen.

Die darauffolgende Phase ist das große Sehnen. Oh, wie sehnst du dich danach, daß sich die Dinge zum Guten wenden! Bis zum Schmerz packt dich das Verlangen, es möge doch alles wieder so sein wie vorher, als du noch nichts davon wußtest. Du sehnst dich zurück nach den früheren glücklichen Tagen. Diese Phase dauert gewöhnlich länger als alle anderen.

Aber dann trittst du in die nächste Phase ein - in die Lernphase. Du sprichst mit anderen, vielleicht findest du eine Unterstützungsgruppe, und du erfährst, daß du dich in einem langen Wachstumsprozeß befindest. Du wirst verständnisvoller und barmherziger. Geistliche Werte, die du dir in der Vergangenheit angeeignet hast, werden plötzlich sehr real für dich.

Und schließlich tust du noch einen Schritt. Du lernst, das Problem vollständig dem Herrn zu überlassen. Du sagst: »Herr, was immer Du in meinem Leben zuläßt, Du bist groß genug, um mich durchzubringen.«

Jetzt kannst du das, was dich innerlich so belastet, bei Gott in dem Wissen abladen, daß er alles unter Kontrolle hat ... Wenn du dein Problem unter das Kreuz legst und sagst, du hast das Problem beim Herrn gelassen, und wenn du es auch wirklich so meinst, dann wirst du deine erdrückende Last los.«

Unsere Kinder Gott überlassen - was könnte richtiger und zugleich schwieriger sein? Woher kommt es, daß wir seiner Weisheit nicht genug zutrauen, um unsere wertvollen Kinder, ihre Entscheidungen und deren Konsequenzen, ihr Säen und ihr Ernten in seine starke Hand zu legen? Wir mögen uns einbilden, es besser zu wissen. Dennoch, wenn es um unsere Söhne und Töchter geht, stellt sich trotz unserem Empfinden heraus, daß wir keineswegs immer alle Antworten haben. Das Ende ist uns verborgen. Wir können uns nicht vorstellen, welche neue, wunderbare Realität Gott aus den Trümmern zerstörter Träume erstehen lassen kann.

Wie Ruth Bell Graham so anschaulich in einem Gedicht schreibt:

Wär' ich Josephs Mutter gewesen,
hätte ich um Schutz
vor seinen Brüdern gebetet:
»Gott, bewahre ihn;
er ist so jung,
so anders als die andern.«
Wohl ihr - sie ahnte nichts
von Sklaverei und Kerker.

Wär' ich Moses Mutter gewesen,
hätte ich geweint,
um meinen kleinen Sohn
bei mir zu haben,
gebetet, daß sie das Kind,
aus des Nils Wasser gerettet,
vergesse, das Kind,
das ich für sie
für eine Weile
an meiner Brust ernährte.
War es nicht meines
und sie nur
Pharaos Tochter?

Wär' ich Daniels Mutter gewesen,
hätt' betend ich geschrien:
»Gib Sieg!
Gib nicht gefangen ihn
in Babels Hände,
gottlos und grausam -
lieber tot,
allmächt'ger Gott!«

Wäre ich Maria -
oh, wär' ich sie gewesen,
ich hätte geweint
wie nie eine Mutter:

»Alles, o Gott, alles,
nur nicht gekreuzigt!«

Mit solchem Beten,
aufdringlich, beharrlich,
hätte meine Weisheit,
wie klein auch immer,
sie, die Weisheit,
die unendlich ist,
bestürmt.

Gott,
welch Glück, daß sie,
Weisheit ohne End,
obsiegt.

Kapitel 8

Loslassen

Ein Tranquilizer für ausgefranste Nerven

Wie Kinder ihr zerbrochenes Spielzeug mit Tränen
zu uns bringen, damit wir es flicken,
so brachte ich meine zerstörten Träume zu Gott,
weil er mein Freund ist.
Doch anstatt ihn dann in Ruhe selber wirken zu lassen,
versuchte ich immer wieder, ihm zu helfen,
und dies auf meine menschliche Weise.
Und schließlich nahm ich sie wieder
ganz in meine Hand und rief:
»Wie kannst du nur so langsam sein?«
»Mein Kind«, sagte er, »was konnte ich tun?
Hast du doch nie richtig losgelassen.«

Autor unbekannt

Der Natur ihren Lauf lassen

Marlene, eine Bekannte von uns, erzählt die Geschichte ihrer kurzen Begegnung mit einem verletzten Schnepfenhuhn. Sie lebt in der Nähe eines breiten kalifornischen Sandstrands, und auf einem ihrer sommerlichen Spaziergänge entlang dem Wasser stieß sie auf einen erschöpften, zerzausten Vogel. Sein Körper wies Bißwunden auf und blutete. Ermattet lag er da am Rande des Wassers.

Auf diesem Strand gab es ein Strandwächterhäuschen, aber bis dort war noch ein gutes Stück zu laufen. In der Meinung, der Strandwächter könne bestimmt Kontakt zu einem Tierschutzzentrum herstellen, hob Marlene den durchnäßten Vogel auf und machte sich auf den Weg zum Strandwächterhäuschen.

Zunächst lag der Vogel so regungslos in ihren Händen, daß sie sich fragte, ob er überhaupt noch lebte. Doch nach ein paar Minuten begann er sich wieder zu regen. Dann sträubte er sich und zappelte so sehr, daß Marlene ihn fester packen mußte, damit er ihr nicht entglitt. Zudem bemerkte sie zwei Hunde, die sich auf dem Strand tummelten und die sich nur allzu gerne über den Vogel hergemacht hätten.

Vom Zappeln erschöpft, döste er wieder ein, um nach einer Weile aufzuwachen und den Kampf wieder aufzunehmen. Dann tat er in ihren Händen etwas recht Unhöfliches, was sie gar nicht besonders schätzte.

»Halte dich doch still«, sagte sie murmelnd zu dem von Panik ergriffenen Tier. »Ich versuche ja nur, dir zu helfen.«

So wechselte es eine ganze Zeitlang ab - heftiges Sträuben und Stillehalten. Dabei schien der Vogel mittlerweile zu erstarken, aber sein bedauernswerter Zustand hatte Marlene davon überzeugt, daß sie ihn nicht einfach seinem Schicksal überlassen konnte. Das Geschöpf brauchte dringend tierärztliche Behandlung.

»Willst du endlich aufhören, mit mir zu kämpfen? Ich versuche doch nur, dir das Leben zu retten, du dummer Vogel!«

Endlich erreichte sie den Strandwächter. Er warf einen Blick auf ihr verschwitztes Gesicht und bemerkte den besorgten Ausdruck darin. Daraus schloß er, sie müsse aller Wahrscheinlichkeit nach eine fanatische Tiernärrin sein. »Was soll ich damit anfangen?«

»Und was soll ich wohl damit anfangen?« gab Marlene schnippisch zurück, »ihn krepieren lassen?«

»Lassen Sie ihn fliegen«, riet er ihr achselzuckend. »Lassen Sie der Natur ihren Lauf.«

Sie ärgerte sich über das Desinteresse des jungen Mannes an der leidenden Kreatur. Ein Blick auf ihre Hände, die ein paar kleine Bißstellen und Kratzer abbekommen hatten und die, wie bereits bemerkt, Unziemliches über sich hatten ergehen lassen müssen, steigerte auch nicht gerade ihr Wohlbefinden. Zwar war der Vogel wieder ins Vorsichhindösen verfallen, aber er konnte jeden Augenblick seinen Kampf um die Freiheit wieder aufnehmen. »Es hat keinen Zweck, ihn mit nach Hause zu nehmen«, überlegte sie. »Ich muß ihn wohl oder übel doch sich selber überlassen.«

Marlene trug den Vogel bis ans Wasser. Hier setzte sie ihn in den Sand. Er probierte mehrmals, aufzustehen, fiel aber jedes Mal wieder auf die Seite. Als es ihm endlich doch gelang, sich auf den Füßen zu halten, begann er, sich immer wieder um sich selbst zu drehen, um schließlich doch wieder umzufallen. Es sah beinahe ulkig aus, aber Marlene hatte den Eindruck, der Vogel würde in den Wellen des Pazifischen Ozean ertrinken. Irgendwie kam ihr die Situation tragisch vor, besonders wenn sie an ihren tapferen Rettungsversuch dachte.

Marlene hatte zwei Möglichkeiten, und die vernünftigste von beiden war, weiterzugehen und den Vogel seinem Schicksal zu überlassen. Gerade als sie sich auf den Weg machte, sah sie, wie sich der Vogel aufs neue um die eigene Achse drehte und wie gehabt umfiel. Noch zweimal warf sie einen kurzen Blick zurück. Wahrscheinlich hatte das Tier einen Hirnschaden davongetragen, deshalb sein Verhalten wie ein Betrunkener. Aber als sie sich noch ein drittes Mal umwandte, blieb sie wie angenagelt stehen. Der Vogel flatterte mit den Flügeln, probierte zu laufen - es glich eher einem Torkeln -, fiel zu Boden, stand wieder auf und machte einen erneuten Versuch.

Und siehe da, plötzlich erhob sich die Schnepfe in die Luft, und bevor sich Marlene von ihrer Überraschung erholen konnte, flog der Vogel davon, als würde ihm nicht das Geringste fehlen - höher und höher, bis er am Horizont ihren Blicken entschwand.

Das Leben bringt viele Probleme mit sich. Manche gleichen einer Herausforderung, die uns zu großen Höhen der Inspiration hinauftragen. Andere scheinen uns keine Chance zu lassen und zehren bis zur Erschöpfung an unseren Kräften, in uns das Gefühl aufkommen lassend, als hätte Gott uns trotz seiner Verheißungen verlassen. Unweigerlich geraten wir an einen Punkt, wo wir einfach nichts mehr tun können. In diesem kritischen Augenblick gibt es ein allgemeines Rezept, das uns zu beruhigen vermag. Dieses Rezept läßt sich mit einem einzigen, ganz wichtigen Wort ausdrücken:

LOSLASSEN

Soloflüge, Bruchlandungen

Da gibt es die Geschichte von einem Agnostiker, der mit einer Arbeit auf dem Dach seines Hauses beschäftigt war. Plötzlich glitt er aus, und das Nächste, was ihm bewußt wurde, war, daß er mit seinen Händen an der Dachrinne baumelte. Er strengte sich an, hob seinen Kopf nach oben und rief: »Ist denn niemand da oben?«

Eine dröhnende Stimme erschallte und rief zurück: »Vertraue auf Gott und laß los!«

Nach kurzer Überlegung erwiderte der Mann: »Ist denn niemand anders dort oben?«

Diese Geschichte sagt mehr über uns Eltern aus, als wir zuzugeben wagen. Wenn auf allen Seiten nichts als Schwierigkeiten sind und unsere Gefühle uns drängen, »zu handeln, ehe es zu spät ist«, erscheint uns stilles Vertrauen einfach als unrealistisch. Gott kommt uns wie ein fernes, uninteressiertes Wesen vor.

Die meisten von uns sind zu allem möglichen imstande, nur zu einem nicht - loslassen und vertrauen. Wie manches Mal ertappen wir uns bei dem Gedanken: »Wenn Er wirklich da ist und sich um mich kümmert, weshalb greift Er dann nicht ein?«

Hal und ich sind Vogelliebhaber, und wir haben schon einiges von unseren gefiederten Freunden lernen können. Marlenes Geschichte erinnert mich an eine Zeit, als unsere Familie kleine Vögel züchtete - alle möglichen Arten von Finken. Es machte uns immer Freude, sie durch das Küchenfenster hindurch in der Voliere zu beobachten. Wenn die Jungen aus den Eiern geschlüpft waren, drängte sich die neue Familie im Brutkasten eng aneinander; viel Platz gab es da nicht.

Zu einem bestimmten Zeitpunkt - wie sie diesen herausfanden, blieb uns ein Geheimnis - beschlossen Mama und Papa

Vogel, es sei Zeit für die Jungen, das Brutnest zu verlassen. Der Vogelhaushalt büßte jetzt für die Jungvögel einiges an Bequemlichkeit ein. Die junge Brut, die bisher nichts anderes als aufmerksame Fürsorge und Beschützung durch die Eltern genossen hatte, wurde durch ein kleines Loch gezwängt und draußen in der Voliere mit einer unzimperlichen Welt konfrontiert. Sie besaßen nicht die leiseste Idee, wie sie ihre Flügel gebrauchen konnten, und es war amüsant, ihre ersten Flugversuche zu beobachten.

In ihrem Bemühen, Selbständigkeit zu erlangen, flatterten sie unweigerlich in die verkehrte Richtung und prallten schier bis zur Bewußtlosigkeit gegen das Küchenfenster. Benommen, aber entschlossen schüttelten sie sich und versuchten es aufs neue. Gelegentlich gesellten sich die Jungen zu einem falschen Kameraden und mußten von diesem kräftige Schnabelhiebe einkassieren. Wie schmerzlich muß es für die Eltern gewesen sein, all diesem untätig zuzuschauen, wußten sie doch, daß ihre Jungen nie die Kraft, die sie zum Überleben brauchten, entwickeln konnten, wenn sie helfend und bewahrend eingriffen.

Tiefe Wurzeln, kräftige Flügel

Während dieser Lernperiode stickte ich ein bekanntes Sprichwort und hängte es in unserem Schlafzimmer auf, damit wir uns immer wieder daran erinnerten:

> Es gibt zwei Dinge, die von Dauer sind
> und die wir unseren Kindern geben können:
> das eine sind Wurzeln, das andere sind Flügel.

Sobald die Wurzeln fest eingepflanzt sind, müssen die Flügel wachsen und sich strecken können, damit unsere Kinder fliegen können. Dieser Prozeß des Loslassens bedeutet, daß wir zugunsten unserer Kinder auf Rechte verzichten, und daß wir Ansprüche auf unsere Kinder aufgeben.

Wenn es soweit ist, unsere Kinder Gott zu überlassen, damit sie ihr eigenes Leben leben können, müssen wir uns vor einer Sache besonders hüten: vor einer Elternkrankheit, die man als Haltungsverhärtung definieren könnte. Mütter wie Väter können von dieser Krankheit befallen werden. Drei unentbehrliche Gegenmittel gibt es für eine solche Verhärtung; sie müssen in gleichmäßiger Dosierung angewandt werden:

Glauben, Vertrauen und Hoffnung

So lange sind wir die »Entscheidungsmacher« gewesen, und da fällt es einem keineswegs leicht, zu lernen, wie man würdevoll »abdankt«, auf friedliche Weise einen Machtwechsel vollzieht und unserem Kind das unbestreitbare Privileg zuerkennt, ein erwachsener Mensch zu werden. Vielleicht helfen dir diese Worte, wenn du dich demnächst vor die Aufgabe gestellt siehst, deine eigenen Söhne und Töchter loszulassen.

Loslassen

Loslassen bedeutet nicht, mich
NICHT MEHR ZU KÜMMERN;
es bedeutet, ich kann es nicht an Stelle
des anderen TUN.
Loslassen bedeutet nicht, vom anderen
MICH LOSZUSAGEN;
es ist das Bewußtsein, nicht DIE KONTROLLE
über den andern zu haben.
Loslassen bedeutet nicht, den andern
zu UNTERSTÜTZEN,
sondern die Möglichkeit zu geben, aus den natürlichen
KONSEQUENZEN zu lernen.
Loslassen bedeutet, meine OHNMACHT zuzugeben,
die EINSICHT, daß das Resultat nicht in meinen
Händen liegt.
Loslassen bedeutet nicht, einander ÄNDERN
oder die SCHULD geben zu wollen;
ich kann nur mich selber ändern.
Loslassen bedeutet nicht, FÜR jemand,
sondern sich UM jemand zu sorgen.

Loslassen bedeutet nicht, zu URTEILEN,
sondern einander Mensch sein zu lassen.
Loslassen bedeutet nicht,
selber für den AUSGANG einer Sache zu sorgen,
sondern anderen zu erlauben,
selber ihr Los zu BESTIMMEN.
Loslassen bedeutet nicht zu BESCHÜTZEN,
sondern dem anderen die Möglichkeit zu geben,
selber die WIRKLICHKEIT ZU ERLEBEN.
Loslassen bedeutet nicht, zu VERWEIGERN,
sondern zu AKZEPTIEREN.
Loslassen bedeutet nicht, zu NÖRGELN,
zu SCHELTEN oder zu DISKUTIEREN,
sondern an MEINE EIGENEN FEHLER ZU DENKEN
und sie zu korrigieren.
Loslassen bedeutet nicht, alles meinen eigenen
Vorstellungen ANZUPASSEN,
sondern jeden Tag so zu nehmen, wie er kommt,
und den Augenblick zu SCHÄTZEN.
Loslassen bedeutet nicht, jemand zu KRITISIEREN
oder zu MANIPULIEREN,
sondern selber VORBILD zu werden.
Loslassen bedeutet nicht, Vergangenes zu BEDAUERN,
sondern jeden Tag zu WACHSEN und mich
auf die Zukunft VORZUBEREITEN.
Loslassen bedeutet, mich WENIGER ZU FÜRCHTEN,
Christus mehr zu vertrauen und anderen reichlich
von der Liebe zu geben, die Er mir gegeben hat.

Autor unbekannt

Lerne das Geheimnis, loszulassen
und Gott zu überlassen!

Bemuttern, aber nicht ersticken

Ähnlich wie Herr und Frau Bird sind wir beunruhigt, wenn wir sehen, wie unsere Kleinen die Selbständigkeit proben.

Doch wie das ungeborene Kind nicht im Mutterleib bleiben kann, so muß auch der Teenager eines Tages der Wachsamkeit und Aufmerksamkeit unseres Auges entzogen werden. Tatsache ist, daß sie möglicherweise von Zeit zu Zeit die falsche Gesellschaft suchen und die falsche Richtung einschlagen. Mit der Zeit werden sie sich, wenn sie lädiert und angeschlagen genug sind, auch wieder nach Hause schleppen. Auch wenn wir nicht die Retter für sie spielen können, ist es unsere Aufgabe, daß wie sie ermutigen und inspirieren, wenn sie ihre Flügel gebrauchen.

Die Dichterin und Songschreiberin Gloria Gaither erinnert uns daran:

»Der Sturm elterlicher Sorge flaut immer dann ab, wenn man weiß, daß Gott unsere Kinder unendlich mehr liebt, als wir es können, weil er die vollkommene Vater- und Mutterliebe ist. Ich kann meinen Kindern nur beistehen, soweit ich anwesend bin. Aber seine Gegenwart kennt keine Grenzen.«

Wir lächeln vielleicht bei dem Gedanken an die typische »jüdische Mama«, die sich an ihr Kind hängt und Besitz von ihm ergreift. Aber seien wir ehrlich. Jeder Vater, jede Mutter hat einen natürlichen Beschützer- und Besitzdrang, und wo dieser ungehemmt ausgelebt wird, kann er Kinder förmlich ersticken. Sollten wir nicht endlich auf das Bedürfnis, gebraucht werden zu wollen, verzichten? Ebenso auf alles, was unsere Kinder gefühlsmäßig so an uns bindet, daß sie sich wie in einem Gefängnis vorkommen?

Mit zunehmendem Alter unserer Kinder sollte unser Einfluß auf sie abnehmen:

	Einfluß der Eltern	Eigenverantwortung des Kindes
• Alter 5 Jahre	95 %	5 %
• Alter 14 Jahre	65 %	35 %
• Alter 19 Jahre	5 %	95 %

An den Universitäten laufen nicht wenige emotional handikapierte Studenten herum, die nicht fähig sind, sich für eine bestimmte Berufslaufbahn zu entscheiden. Ihre Abhängigkeit von den Eltern wirkt immer noch nach. Das bestätigt die Tatsache, daß die Loslösung von den Eltern erst dann richtig gelingt, wenn die Eltern sich vom Kind loslösen.

Es gibt Mütter, die ihr besonderes Problem haben. Sie bemühen sich verzweifelt darum, daß ihr eigenes »Liebesbedürfnis« gestillt wird. Deshalb möchten sie an der Abhängigkeit ihrer Kinder von ihnen nichts ändern. Das ist für die Eltern wie für die Kinder ungesund, und außerdem ruft es eine Gegenwirkung hervor: Besitzergreifung führt zu Entfremdung.

Wir haben eine Aufgabe zu erfüllen, das ist unsere Bestimmung. Haben wir sie erfüllt, sollten wir uns darauf einstellen, unsere Kinder nicht länger zu kontrollieren. Sicher fällt uns das nicht leicht; aber es ist tatsächlich notwendig, Gott für unsere Kids zu vertrauen, unseren Griff auf ihr Leben (den sie oft als lähmend empfinden) zu lockern und schließlich völlig aufzugeben. Dieser Prozeß beginnt schon mit dem ersten Schultag und dauert an bis zu unserem Großeltern-Dasein.

Eine Bekannte von mir erinnert sich, wie sie ihren neugeborenen Sohn in die Hände Gottes übergeben mußte, ehe sie überhaupt die Geburtsklinik verlassen konnte. »Mich hatte einfach eine schreckliche Angst vor dem Kindstod-Syndrom erfaßt«, erzählte sie mir. »Als ich das Baby das erste Mal in den Armen hielt, hatte ich beinahe Angst, es anzufassen. Eine solche Art von Liebe hatte ich vorher gar nicht gekannt. Was würde sein, wenn es sterben sollte? Ich weiß noch gut, wie ich damals sagte: Herr, ich werde es einfach in Deine Obhut geben müssen, weil es so kostbar ist, daß ich mich beinahe davor fürchte, für dieses kleine Geschöpf zu sorgen.«

Es gibt wohl kaum ein Wesen, das so hilflos ist, wie ein neugeborenes Menschenkind. Aber während die Kids heranwachsen, ist es gewiß das beste, »nichts für sein Kind zu tun, was es mit Vorteil selber tun kann«. Manchmal ist es, auch wenn es unfair erscheint, gut und hilfreich, das Kind an folgendes zu erinnern: »Ich werde nicht immer da sein, um dir etwas abzunehmen. Eines Tages wirst du dir selber kaufen, was du zum Anziehen brauchst. Du wirst dir selber dein Es-

Rezept Nr. 6

Entdecke das Geheimnis, loszulassen und Gott zu überlassen!

sen kochen. Du wirst selber deine Wäsche waschen.« Es ist gar nicht so leicht, sich unsere Kinder als Erwachsene vorzustellen; aber genau dahin geht ihre Entwicklung, ob mit oder ohne unsere Mithilfe.

Wir tendieren dahin, unsere Kinder viel zu lange festzuhalten, länger, als oft für sie gut ist. Bei uns liegt die Verantwortung, nicht auf ewig die Rolle einer »bemutternden Mutter« zu spielen, sondern aus »allmächtigen Eltern« zu Bezugspersonen für unsere Kinder zu werden.

Sie müssen zunehmen, wir müssen abnehmen

Wenn ich meine Bibel lese, fällt mir auf, wie Jesus den Prozeß des »Loslassens« bei seinen Jüngern handhabte. Als sie noch unerfahren in der Nachfolge waren, gab er ihnen vor Antritt eines Reisedienstes folgende Anweisung mit auf den Weg:

»Nehmt nichts auf den Weg mit, keinen Wanderstock, keine Vorratstasche, kein Brot, kein Geld und auch kein zweites Hemd.« (Lukas 9,3)

Doch mit zunehmendem inneren Wachstum revidierte Jesus seine Anweisungen:

»Als ich euch ohne Geldbeutel, Vorratstasche und Schuhe auf den Weg schickte, hat euch da etwas gefehlt? 'Nein, nicht das Geringste', sagten sie. Jesus erwiderte: 'Von jetzt ab gilt etwas anderes: Wer einen Geldbeutel und eine Vorratstasche hat, soll sie mitnehmen! Wer nichts hat als seinen Mantel, soll ihn verkaufen und sich ein Schwert dafür beschaffen!'« (Lukas 22,35-36)

He! Wie ist das mit dem Schwert? Bis jetzt hatte Jesus sie immer beschützt; er hatte alles für sie getan. Aber jetzt war für sie die Zeit gekommen, »erwachsen« zu werden und selber Verantwortung zu tragen. Er wies sie an, bis zu einem gewissen Grad selber für ihren physischen Schutz zu sorgen.

Rebellion - das Negative - scheint ein notwendiger Teil des Selbständigwerdens - das Positive - zu sein. Laß es darum ruhig zu, wenn dein Kind in gewissen Dingen allmählich zu rebellieren beginnt. Ich denke da an Dinge, die sowieso nicht so wichtig sind: Schlafenszeit, Kleidung, Haarfrisur und ähnliches.

In einem Brief, den mir Marlene Cunningham, Direktorin der University of the Nations in Kona, Hawaii (und Frau von Loren Cunningham, Leiter von Jugend mit einer Mission), schrieb, machte sie einige interessante Bemerkungen zu dem Thema »jugendliche Rebellion«. Sie spricht davon, wie leicht es uns fällt, die Unarten eines zweijährigen Kindes zu entschuldigen. Wir halten es für seine Persönlichkeitsentwicklung für notwendig, wenn es das komplette Gegenteil dessen tut, was von ihm verlangt wird. Dann schreibt sie:

»Es ist meine persönliche Überzeugung, daß sie während den Teens eine ähnliche Entwicklung durchlaufen wie damals als Kleinkinder, um ihre eigene, von den Eltern unabhängige Identität zu finden ... Und dennoch stempeln Eltern das Verhalten ihrer Kinder als Rebellion ab, wenn sie ausgefranste Jeans, eine exotische Haarfrisur und einen halben Schmuckladen von Ohrringen tragen. Dabei möchten sie nur dieses: einfach jemand mit einer eigenen, persönlichen Identität sein. Weise Eltern machen das nicht zum Thema. Verschwende deine Energie nicht für unwesentliche Dinge. Bring' deinen Einfluß lieber da zur Geltung, wo es wirklich darauf ankommt. Unsere Kinder sollen sich von uns unterscheiden können. Sie sollen ihre eigene Persönlichkeit haben. Unsere Rolle besteht darin, ihnen einen angemessenes, auf Gottes Wort beruhendes Wertsystem zu vermitteln und sie mit Werkzeugen auszustatten, die es ihnen ermöglichen, eigene Entscheidungen zu treffen.«

Eltern überleben schwierige Zeiten mit einem »unmöglichen Teenager« viel besser, wenn sie ihm anbieten, selber Verantwortung zu übernehmen, und ihm genügend Spielraum lassen. In dieser Phase kann es vorkommen, daß eure Kids euch mit schockierenden Mitteilungen testen - einfach um euch auf die Palme zu bringen.

»Ich ziehe aus, um mit meinem Freund zusammenzuleben.«
»Ich melde mich als Freiwilliger zur Armee.«
»Wie kann man wissen, ob man geschlechtskrank ist?«

»Woran kann man erkennen, daß man gay ist?«
»Was passiert eigentlich, wenn einer beim Ladendiebstahl erwischt wird?«
»Ich habe vor, per Autostop durch das ganze Land zu fahren.«

Lächle einfach tapfer, antworte gelassen und sage dir immer wieder:

Auch das geht vorüber.

Es gibt eine sichere Methode, wie man eine Rebellion auslöst oder verlängert: die Kinder an der kurzen Leine halten. Dann werden sie sich selber genügend Ellbogenfreiheit verschaffen. Übt man eine zu starke Kontrolle über ein Kind aus, wird es garantiert den Beweis liefern wollen, daß die Eltern eben doch nicht alle Fäden für sein Verhalten ziehen. Es ist für ein Kind sogar nachteilig, wenn es sich ohne Widerstand und ohne Kampf dem Diktat seiner Eltern beugt.

Rebellion: die Wehen einer
Neugeburt der Freiheit.

Lieben heißt loslassen

Die Bibel erzählt die Geschichte von zwei Frauen, die beide den Anspruch erhoben, Mutter des gleichen Kindes zu sein. Darum ließ König Salomo sie die Nagelprobe machen. Die Bibel berichtet darüber:

»Da sagte Salomo: ich sehe, hier steht Aussage gegen Aussage. Jede behauptet, das lebende Kind gehöre ihr ... Er ließ ein Schwert bringen und befahl seinen Leuten: Zerschneidet das lebende Kind in zwei Teile und gebt jeder von ihnen die Hälfte!

Da geriet die Mutter des Kindes außer sich vor Angst und rief: Ach, mein Herr und König! Gebt es ihr, aber laßt es leben! Die andere aber sagte: Weder dir noch mir soll es gehören! Zerschneidet es nur!

Der König entschied: Tötet es nicht! Gebt es der ersten! Sie ist seine Mutter.«

Vielleicht können wir diese Geschichte für uns selbst auf folgende Weise auslegen: Echte Eltern müssen lernen, ein Kind loszulassen, damit es leben kann. Man kann Kinder nicht aufteilen zwischen unserem und ihrem Verfügungsrecht über sie. Wir müssen begreifen, daß unsere Kinder nicht uns gehören; sie sind uns vom Herrn geliehen.

Läßt du los und übergibst Gott die Elternrolle, wirst du eine Entdeckung machen: Wenn du losläßt, was in deiner Hand ist, wird auch Gott loslassen, was in seiner Hand ist.

Wenn du etwas liebst, laß es los.
Wenn es zu dir zurückkommt, hat es dir gehört.
Wenn nicht, hat es nie dir gehört.

Was gilt es loszulassen?

Manchmal ist es schwierig für uns, genau zu erkennen, auf welche Weise und warum wir unsere Kinder festhalten. Vielleicht wollen wir selber alles kontrollieren. Oder wir möchten sie gerne beschützen. Auch wenn wir unsere Kinder auf den meisten Gebieten losgelassen haben, bleibt trotzdem das Empfinden, in mancher Beziehung mit ihrem Leben verknüpft zu sein. Hier ein paar Möglichkeiten, wie wir als Väter und Mütter »unsere Hände weghalten« können.

- *Gib es auf, etwas um jeden Preis durchsetzen zu wollen.* Wir wollen die Tatsache akzeptieren, daß wir nicht allgegenwärtig sein können. Seien wir uns bewußt, daß es jemand gibt, der mächtiger ist als wir und dem wir unsere Kids getrost überlassen können.
- *Gib es auf, immer an Stelle deiner Kinder zu reden, zu handeln und sie zu bevormunden.* Die Bevormundungsrolle muß ein Ende finden.
- *Hör auf, dich zu ärgern.* Unser Ärger mag berechtigt sein. Aber nehmen wir uns vor, ihn nicht immer wieder

durchbrechen zu lassen. Wir wollen versöhnliche Eltern werden.

- *Verzichte auf den Sündenkatalog.* Wir wollen entschlossen sein, aufgrund der neuen Einsichten, die wir hinzugewonnen haben, einen frischen Anfang zu machen. Wir lassen alles, was sie verkehrt gemacht haben, hinter uns. Wir nehmen uns vor, von jetzt ab an die guten Dinge, an ihre Vorzüge, an ihre Sensitivität, an ihre besonderen Begabungen zu denken.
- *Laß falsche Hoffnungen fahren.* Nimm dir vor, deine Hoffnung nicht immer auf einen anderen magischen Augenblick zu richten - auf einen neuen Freund, auf eine andere Schule, auf eine neue Gesellschaft. Vergiß das »Wenn nur« und das »Eines Tages«. Sobald wir unsere Erwartungen herabsetzen, werden wir auch nicht mehr solche großen Enttäuschungen erleben.
- *Gib alle Erwartung auf Entschädigung auf.* Entlassen wir unsere Kinder aus jeglicher emotionalen Schuldverpflichtung nach dem Motto: »Wir haben ihnen ja schließlich die besten Jahre unseres Lebens geopfert.« Unsere Fürsorge für sie soll keine Vorsorgeversicherung für unsere alten Tage sein. Dann erwarten wir auch nicht mehr von unseren Kindern, daß sie an Tagen, die für uns persönlich von Bedeutung sind, unbedingt bei uns zu Hause aufkreuzen. Wir verzichten darauf, ihnen das Gefühl zu geben, daß sie uns eigentlich zurückgeben müßten, was sie uns schulden.

»Entlassungsgebet«

Häufig miete ich Autos, wenn ich reise. Kürzlich fuhr ich mit einem solchen Mietauto zum Flughafen zurück. In dem Moment, als ich die Schlüssel zurückgab, kam mir plötzlich in den Sinn, daß dieser ganz gewöhnliche Vorgang illustriert, was Gott von uns in bezug auf unsere Kinder erwartet. Sobald sie erwachsen sind, müssen wir sie ihm zurückgeben. Durch einen elterlichen Willensakt geben wir unseren Anspruch auf unsere Söhne und Töchter auf.

Bist du bereit, deine Kinder loszulassen, zu entlassen, freizusetzen? Wenn ja, dann nimm dir doch einen Augenblick Zeit und setze ihre Namen in das folgende »Entlassungsgebet«.

»Lieber Vater im Himmel,

Ich danke Dir für meine Kinder .... , ... , ... und .... Ich erkenne an, daß sie Deiner Idee entsprangen, und ich nahm sie aus Deiner Hand als etwas entgegen, das als Segen bestimmt war. Jetzt, als Vater bzw. Mutter, gebe ich meinen Eigentumsanspruch auf sie auf und bitte Dich, mir meine Erziehungsfehler zu vergeben.

Wenn Du mir Licht über eine Sünde gibst, will ich darüber Buße tun und alles Nötige unternehmen, um die Sache zu berichtigen. Aber ich weise jede Schuld, jede Anklage und jede Verurteilung zurück, mit der Satan, unser gemeinsamer Feind, meine Familie belasten möchte. Im Namen Jesu trete ich jeder bösen Macht entgegen, die probiert, ... zu schaden.

Ich glaube, Du willst nicht, daß .... verlorengeht, sondern das ewige Leben hat. Ich bitte Dich, ... einen Geist der Buße zu geben. Überzeuge ihn/sie, daß Du trotz allem immer noch einen Plan für sein/ihr Leben hast.

Ich bete zu Dir, Du wollest meine Kinder vom Bösen erlösen und ihnen jede Gelegenheit geben, zu Dir zurückzukommen. Ich bitte Dich auch, alles anzuwenden, was diese Änderung zustande bringen kann.

Im Glauben an Christus klammere ich mich an die Hoffnung, daß Du im Leben von .... eingreifst. Schenke mir den Frieden und die Hoffnung, die ich zum Durchhalten brauche, bis ich sehe, daß Dein Wille auf Deine Weise und zu Deiner Zeit verwirklicht wird. Im Namen Jesu erbitte ich dies. Amen.«

Kapitel 9

Man nehme ...

Stärkungsmittel für jeden Tag

Die meisten Glückwunschkarten zum Muttertag, die man bei uns bekommt, sind irgendwie sentimental bis kitschig. Aber es gibt eine, die mir tatsächlich gefällt. Darauf sieht man zwei Super-Punk-Teenager - wildes Haar, schwarzes Leder und all das. Darauf steht einfach:

»Mutti, Du hättest wissen sollen,
daß ich schwer zu erziehen sein würde ...
Schon ehe ich geboren war,
brachte ich Dich zum Erbrechen!«

Erziehung könnte man mit einem Wort umschreiben: Beharrlichkeit. Das bedeutet, du bist da, wenn deine Kinder dich nicht da haben möchten. Es ist der einzige Job in der Welt, wo du regelmäßig gefeuert wirst und wo die Menschen, deren Bestes du willst, dir sagen: »Laß mich allein!«

Sei nett zu deinen Kindern ...
eines Tages werden sie das Altersheim für dich
aussuchen!

Während wir einerseits Verletzungen loslassen und falsche Einstellungen aufgeben, die uns sowieso nur Bauchweh verursacht haben, wollen wir uns andererseits einige wichtige Rezepte gut merken. Nehmen wir ein paar von Gottes Erziehungs-Megavitaminen zu uns, die uns Kraft spenden, unseren Glauben aufbauen und unsere Hoffnung stärken.

Nimm die Gegenwart an

Eltern, die ein ausgeprägtes Bedürfnis nach Gefühlsintensivpflege haben, neigen nicht selten dazu, sich entweder auf die Vergangenheit oder auf die Zukunft zu fixieren. Vergangenheitsfixierte Eltern hört man häufig stöhnen:

»Hätte ich den Jungen doch nur auf eine christliche Schule geschickt, dann wäre er nicht in all diese Schwierigkeiten geraten.«

»Wir hätten damals doch nicht umziehen sollen.«

»Ich hätte nicht so streng mit ihr umgehen sollen.«

»Ich hätte sie weniger verwöhnen sollen.«

Zukunftsfixierte Eltern verwenden eine Menge Zeit und Energie darauf, Phantasieschlösser zu bauen und davon zu träumen, wie schön eines Tages alles sein werde. Oder aber sie beschwören in ihrer Vorstellung furchterregende Szenarien herauf, die dann nie Wirklichkeit werden.

»Was passiert, wenn sie schwanger wird?«

»Wenn er nur das Gymnasium schafft! Dann wird er schon den rechten Weg finden.«

»Wenn er nur eine vernünftige Stelle bekommt ... «

»Wenn er nur kein krummes Ding dreht ... «

Ein gutes Seelenstärkungsmittel besteht darin, daß wir sowohl jedes Wunschdenken als auch jedes Wehmutsdenken aufgeben und anfangen, im Heute zu leben. Setzen wir unser Vertrauen auf Gott. Er kann das Beste aus der Vergangenheit machen und uns eine Zukunft geben, die wunderbarer ist, als wir erbitten oder uns vorstellen können. Der heutige Tag ist der einzige, der uns zum Leben gegeben ist - der gestrige Tag ist nur noch Erinnerung, der morgige Tag ist erst ein Traum. Wie Jesus sagt: »Jeder Tag hat seine eigene Plage.« Manchmal übersehen wir den Segen eines Tages, weil wir der Vergangenheit nachhängen oder Zukunftsluftschlösser bauen. Dadurch verpassen wir manche Freude im Heute.

Nimm deine Verantwortlichkeiten an

Eine andere Möglichkeit, unser elterliches Stehvermögen zu

vermehren, ist, daß wir lernen, jenen Dingen mutig ins Auge zu sehen, für die wir Verantwortung tragen. Wir sollten uns nicht vollstopfen mit verwirrten Gefühlen. Wenn uns wegen eines persönlichen Erziehungsfehlers die Schuld plagt, okay, stellen wir uns der Sache, tragen wir den gegenwärtigen Umständen Rechnung und bringen sie in Ordnung.

Auch wenn du nicht die Verantwortung für das Schicksal deines Kindes trägst, hast du vielleicht doch manches vermasselt, das in die Kategorie »Verantwortung gegenüber dem Kind« gehört. Wehre dich gegen dieses vage Gefühl: »Ich weiß nicht, was ich getan habe, aber da muß doch irgend etwas sein.« Fange statt dessen an, konkret Fehler oder Versäumnisse zu bekennen. Wenn dir nichts Bestimmtes in den Sinn kommt, so laß das Gefühl Gefühl sein - dann ist es nichts anderes als falsches Schuldgefühl. Wenn du dir jedoch einer Schuld bewußt wirst, dann gib uns 1. Johannes 1,9 einen echten Aufsteller: »Wenn wir unsere Schuld eingestehen, dürfen wir uns darauf verlassen, daß Gott Wort hält: Er wird uns dann unsere Verfehlungen vergeben und alle Schuld von uns nehmen, die wir auf uns geladen haben.«

Bekenne dein Versagen in der Erziehung:
- Gott gegenüber – vielleicht wartet er darauf, dein Schuldbekenntnis zu hören.
- Dir selbst gegenüber – du bist innerlich von deinen Verfehlungen überführt.
- Deinem Kinde gegenüber – sei präzise und nenne den Zeitpunkt, zu dem du versagt hast.

Bitte um Vergebung und warte auf ein Echo.

Beim Zwölf-Schritte-Wiedergutmachungsprogramm, von dem in diesem Kapitel noch die Rede sein wird, geht es um Wiedergutmachung als Bestandteil unseres Bemühens, unser Leben wieder in die richtige Bahn zu bringen. Unser Freund Paul durchlief neulich mit seinen Töchtern diesen Prozeß. Er erklärte ihnen, er hätte eine geistliche Erneuerung erlebt. Er sagte, er wäre sich der Tatsache geistlicher Kriegsführung bewußter als zuvor geworden und hätte zu Gott gebetet, ihm doch zu helfen, damit er Segnungen zurückgewinnt, die ihm mit der Zeit verlorengegangen waren.

»Vielleicht habt ihr auch einiges durchgemacht«, sagte er weiter zu ihnen, »weil ich für euch nicht das erwartete geistliche Vorbild gewesen bin. Wir wollen eine Liste mit den Themen aufstellen, über die wir diskutieren sollten«, schlug er ihnen vor. »Ihr macht eure Liste, und ich mache meine Liste. Dann wollen wir uns wieder zusammensetzen und darüber sprechen. Falls wir keinen Weg finden, um unsere Probleme zu lösen, sollten wir eine Drittperson bitten, uns zu helfen.«

Da war vor allem eine Sache, die dieser Vater wiedergutmachen wollte: er hatte es nicht lassen können, immer wieder das Privatleben seiner immerhin schon erwachsenen Töchter zu kontrollieren. Er war eine willensstarke Person, und nun war ihm klargeworden, daß er seine Töchter zu stark dominiert hatte.

Eine seiner Töchter sagte dazu: »Weißt du, Daddy, du hast uns immer gesagt, Gott habe einen Plan für unser Leben. Meinst du nicht, daß er meine Telefonnummer hat, um mich anzurufen, ohne daß er dich zuerst anrufen muß?«

»Du hast recht. Von jetzt ab mische ich mich nicht mehr in eure Beziehung zu Gott ein. Ihr und ich, wir sollten erwachsene Freunde werden. Zwar werden wir immer Vater und Töchter bleiben. Aber jetzt ist es an der Zeit, für den Rest unseres Lebens Freundschaft untereinander zu pflegen.«

Nimm deine Gefühle an

Diese Art von Offenheit ist eine der Möglichkeiten, »im Licht zu leben«; dann »sind wir miteinander verbunden« (1. Johannes 1,7). Die eigenen Gefühle dem Licht auszusetzen, ist wirklich gesund. Man sagt, wir wären nur in dem Maße gesund, wie wir keine Geheimnisse haben. Emotionale Geheimnisse sind ungesund. Depressive und negative Gedanken gedeihen gerne im Dunkeln wie wuchernde Pilze. Aber wenn sie ans Licht gebracht werden, schrumpfen sie auf ihre eigentliche Größe zusammen.

Wichtig ist, daß du folgendes als Tatsache akzeptierst: Deine Gefühle von Enttäuschung, Ernüchterung und Entmutigung sind nicht *verkehrt*; es gibt sie einfach. Gefühle sind weder falsch noch richtig; sie sind moral-neutral. Hierher paßt die Bibelstelle: »Zürnt und sündigt nicht.« Zorngefühle sind unfreiwillig. Wir sind nur für das verantwortlich, was wir mit diesem Zorn anfangen.

Manche Leute finden es leichter, mit ihren Emotionen zurechtzukommen, wenn sie ein Tagebuch führen. So gelangt Verborgenes ans Licht, und am Licht können Wunden von Eltern heilen.

Nimm eine positive Einstellung ein

Die Bibel hat auch ein paar gute Sachen über die Gedanken zu sagen, die in unserem Kopf nisten. Im Philipperbrief lesen wir:

»Im übrigen, meine Brüder: Richtet eure Gedanken auf das, was gut ist und Lob verdient, was wahr, edel, gerecht, rein, liebenswert und schön ist.« (Philipper 4,8)

Kürzlich traf ich eine alte Bekannte. Ich wußte, daß sie eine Tochter hatte, die sich ihr entfremdet und ihre eigenen, bedenklichen Wege eingeschlagen hatte. Wir tauschten ein paar nette Begrüßungsworte aus, und als ich mich anschliessend erkundigte: »Was macht Ihre Tochter jetzt?« antwortete diese positiv eingestellte Mutter voller Glaubenszuversicht: »Oh, sie wird schon wieder zurechtkommen!«

Welch eine Entlastung bringt es uns doch innerlich, wenn wir uns auf die positiven Seiten unserer Kinder konzentrieren und das Negative aus unseren Gedanken verbannen. Denk doch an all das Schöne in ihrer Kindheit, an die guten Erinnerungen, an die Fotoalben, an die schönen Andenken. Mit Sicherheit hat es auch glückliche Zeiten gegeben, und wir wollen auf keinen Fall auch nur einen jener Momente vergessen, in denen uns tiefe Liebe und ungetrübtes Glück mit unseren Kindern verband.

Und ganz abgesehen von den angenehmen Erinnerungen - warum nicht das Heute aufheitern? Bei all dem Schweren und all dem Streß, bei allem, was uns belastet, sollten wir lernen, über unsere Probleme, über unsere dummen Fehler und vor allem über uns selbst zu lachen.

Arvella Schuller, die Frau von Dr. Bob Schuller von der berühmten Kristall-Kathedrale, und Mutter von fünf Kindern, erinnert sich, wie sie in einer besonders schwierigen Periode eine wohltuende Erfahrung machte:

»Als meine dreizehnjährige Carol nach einer Beinamputation aus dem Krankenhaus entlassen wurde, kehrte sie im Rollstuhl und mit einem bandagierten Beinstumpf wieder nach Hause zurück. Der Rollstuhl wollte einfach nicht durch die Badezimmertür, und so wollte ich ihr helfen. Dabei gerieten wir beide zu Fall und bildeten am Fußboden einen Knäuel von Bandagen, Beinen, Armen und Kleidungsstücken. Carol, die ziemlich Schmerzen litt, fing zu weinen an, und ich (in hilflosem Zustand) stimmte mit ein. So lagen beziehungsweise saßen wir da am Boden im Badezimmer und weinten in einem lauten, langen Duett.

Als wir uns schließlich etwas beruhigt hatten, sahen wir einander an und mußten einfach lachen! Wir wußten, daß wir uns in dieser prekären Situation selber helfen mußten. Zuerst durch Tränen, dann durch Lachen erleichtert, waren wir in der Lage, uns auf erfinderische Weise aus unserem Dilemma zu befreien. Das kann uns tatsächlich wieder neuen Mut verschaffen: zuerst die heilende Wirkung eines ergiebigen Tränenflusses und anschließend ein herzhaftes, befreiendes Lachen - über uns selbst!«

Wenn wir versuchen, uns Aufheiterung zu verschaffen, müssen wir wahrscheinlich unsere Gewohnheit aufgeben, uns bei Freunden über unsere Kids zu beklagen. Vielleicht sollten wir auch Kontakt mit Leuten suchen, die einen positiveren Einfluß auf uns ausüben als diejenigen, mit denen wir bis jetzt verkehrt haben. Laß uns alles tun, was notwendig ist, um Menschen zu werden, die eine positive Einstellung haben!

Nimm den Glauben und klammere dich daran!

Unternimm alles, was du kannst, um das Leben mit beiden Händen zu packen. Dazu gehören ein paar gute geistige Übungen, die deine Seelenlage stabilisieren. Aber noch wichtiger ist, daß du dir ein Plus an Mut und Durchhaltekraft verschaffst, indem du deinen Glauben stärkst. Am besten tust du das, indem du auf die Verheißungen Gottes vertraust und mit seinem Eingreifen rechnest.

Ist dein Glaube erschüttert durch die Zerreißprobe, in die dich die Probleme mit deinen Kindern geführt haben, so ist das absolut verständlich. Doch die Probleme sollten nicht unseren Glauben erschüttern, sondern unser Vertrauen auf unsere eigene Kraft. Indem wir im persönlichen Glauben an Jesus Christus wachsen, kann unser Glaube zu einem »Gottvertrauen werden, das sich verläßt auf das, was man hofft, und das fest damit rechnet, was man nicht sehen kann.« (Hebräer 11,1)

Bevor Billy Grahams Sohn Franklin, der vom Glauben abgekommen war, wieder zum Herrn zurückkam, ging Ruth, seine Mutter, oft auf die Knie und - so erzählt sie - befahl ihn dem Herrn an. Ruth schreibt: »Gott machte mir das Wort groß: Tue dein Möglichstes; für das Unmögliche vertraue mir.«

Am Tage von Franklins Ordination vernahm Ruth in ihrem Innern beglückt eine stille, sanfte Stimme, die zu ihr sagte: »Heute schaust du das Unmögliche!«

Eingehüllt von Mutter

Als du klein warst und nur Armes Länge entfernt,
hüllte ich dich an Wintertagen in Decken.
Doch jetzt, da du groß bist und selten da,
falte ich meine Hände, mein Kind,
und hülle dich in Gebet.

Faß in deiner Situation die Hand Christi; seine Hände sind nicht gebunden. Er streckt sie nach uns aus und sagt: »Lege deine Enttäuschung in meine Hände. Nicht ich war es, der dir diesen Schmerz zugefügt hat; aber ich bin der einzige, der Böses in Gutes verkehren kann.«

Nimm eine Gebetshaltung ein

Das alte Sprichwort »Gebet verändert Dinge« könnte auch heißen: »Gebet verändert Menschen.« Gebet verändert nicht nur die Herzen derer, für die wir beten, sondern es verändert auch uns. Bete darum, Gott möge die geistliche Blindheit, die sie umgibt, verschwinden lassen. Bete darum, er möge sie von dem Gift unserer sündenkranken Welt heilen.

Was uns am Gebet weniger gefällt, ist, daß die Erhörung manchmal recht lange auf sich warten läßt. »Zu seiner Zeit«, heißt es in der Bibel - »er macht alles fein zu seiner Zeit«. Was uns am Gebet dafür um so mehr gefällt, ist, daß es funktioniert! Pat Boone, bekannter Entertainer, erzählte mir einst die folgende Geschichte:

»Was Erziehung betrifft, sind wir nicht gerade Weltmeister gewesen, aber wir waren oft auf den Knien, um für unsere vier Töchter zu beten. Als unsere Tochter Debby und ich einmal eine ernsthafte Meinungsverschiedenheit hatten, erzählte ihre Schwester Cherry ihr, wie sie eines Abends in unser Schlafzimmer getreten sei und mich auf meinen Knien angetroffen habe, als ich gerade laut und unter Tränen für Debby betete. Als Debby das vernahm, war sie davon tief beeindruckt, und von da an hatten wir eine ganz andere Beziehung zueinander.

Meine Frau Shirley und ich können dankbar bezeugen, daß Gott unsere Mädchen vor den in Beverley Hills grassierenden Versuchungen bewahrt und ihnen auch Ehepartner geschenkt hat, die weder mit Drogen noch mit Ausschweifungen etwas zu tun gehabt haben. Wenn Eltern in Hollywood so etwas erleben, haben wir auch den Glauben für Eltern sonst irgendwo.«

Nimm den Sieg für deine Ehe

Bist du verheiratet, so wehre dich standhaft dagegen, daß die Probleme mit den Kindern deiner Beziehung zum Ehepartner schaden. Bei keinem von uns sollte es wegen Erziehungsschwierigkeiten zu einer Entfremdung zwischen uns und unserem Ehemann beziehungsweise unserer Ehefrau kommen, aber auch nicht zu einer Entfremdung zwischen uns und Gott. Erziehungsprobleme sollten uns auch nicht davon abhalten, anderen zu helfen, die Hilfe nötig haben. Bist du alleinerziehend, können die gleichen Erziehungsprobleme auch zu Auseinandersetzungen mit deinen Verwandten und mit engen Freunden führen. Befindest du dich in der Lage einer Stiefmutter oder eines Stiefvaters, dann laß dich nicht vom Kind gegen seine leiblichen Eltern aufbringen, sonst können unangenehme Dinge anderer Art auf dich zukommen.

Sichere dich gegen solche Stürme mit dem festen Vorsatz ab, es auf keinen Fall zu einer ernsthaften Differenz mit deinem Ehepartner kommen zu lassen. Kinder wissen es in der Regel, daß unterschiedliche Erziehungsauffassungen einen Keil zwischen Vater und Mutter treiben können. Sie werden davon Gebrauch machen, wenn es ihnen Vorteile verspricht. Dadurch kann die Harmonie der ganzen Familie in Gefahr geraten. Auch unter den Geschwistern kann es dadurch zu Auseinandersetzungen kommen. Sei vor einer solchen Entwicklung auf der Hut!

Laß keine Entfremdung in deiner Ehe zu

So ungewöhnlich ist es gar nicht, wenn in einer Familie der eine Elternteil die »Ja«-Person ist und der andere die »Nein«-Person. Die Kids finden in der Regel ziemlich schnell heraus, wer der nachgiebigere Teil ist, und allein schon diese Identifikation kann einen Graben zwischen den Eltern aufreißen. Manche Eheexperten meinen, in vielen Fällen sei es für Eltern viel wichtiger, zusammenzuhalten, als unfehlbar recht zu haben. Es kann nur zum Vorteil der Kinder gereichen, wenn sie sehen, wie Vater und Mutter am gleichen Strang ziehen.

Bevor sich der Graben verbreitert, mache dieses Problem zu einem Thema mit deinem Ehepartner. Sprecht die Sache gründlich durch. Sagt einander, was ihr fühlt, was ihr denkt und was ihr braucht. Oft halten Väter diese Auseinandersetzungen mit den Kindern bloß für »eine Sache, die wieder vorbeigeht«, während Mütter etwas viel Schlimmeres befürchten. Beide könnten recht haben. Deshalb ist es wichtig, miteinander darüber zu reden.

Nimm helfende Hände in Anspruch

Wenn du es mit einem neuen Fitness-Training versuchst, so fällt es dir viel leichter, es konsequent durchzuhalten, wenn dies in Gesellschaft mit anderen geschieht. Die Motivation ist bedeutend größer. Aus diesem Grunde machen Aerobic-Klassen viel mehr Spaß, als Aerobic-Gymnastik vor dem Fernseher.

Während du deine Kondition ständig aufbaust, merkst du, daß es gut wäre, neben deinem Ehepartner vielleicht noch Freunde zu haben, die dich anspornen. Weshalb nicht Ausschau halten nach anderen Eltern, die ähnlichen Erziehungsschmerz erleiden wie ihr? Barbara Johnson ist bekannt für ihre zahlreichen Eltern-Unterstützungsgruppen, wo Eltern unschätzbare Aufmunterung und Hilfe bekommen.

»Isolation tötet«, meint Barbara. Diese weise Mutter, die den Bestseller *Stick a Geranium in Your Hat and Be Happy!* geschrieben hat, weiß, was sie sagt, hat sie doch selber ihren Teil an elterlichen Problemen mitbekommen.

»Einfach alleine dasitzen, deine Bibel lesen und beten - das bringt's auch nicht. Such dir eine Unterstützungsgruppe! Hier weinen wir uns an der Schulter von Leidensgenossen aus, hören uns die 'Kriegsberichterstattung' der anderen an, machen uns gegenseitig Mut und nehmen die Verheißungen Gottes für die Heilung unserer Kinder und unseres eigenen Schmerzes in Anspruch.«

Vergiß nicht: Es ist nicht Gott, der für diese Schwierigkeiten verantwortlich ist. Aber er steht dir in deinen Schwierigkeiten bei. Er möchte gern, daß diese Periode zu Ende geht. Schließlich liegt ihm dein Kind sogar noch mehr am Herzen als dir. Er hat einen Plan für das Leben deines Kindes. Es verlangt ihn danach, diesen Plan verwirklicht zu sehen.

Zwölf Schritte für gestreßte Eltern

Manche von uns haben vielleicht den Eindruck, die Probleme mit unseren Kindern würden uns in den Alkohol treiben. Hoffentlich entspricht das nicht der buchstäblichen Wahrheit. Aber wer Alkoholprobleme durchgemacht hat, der wird eine Menge über Gott, über sich selbst und über seine Beziehung zu anderen gelernt haben. Eine der hilfreichsten Methoden zur Gesundung ist das 12-Schritte-Programm der AA (Anonymen Alkoholiker). Dieses Programm ist zwar eigentlich auf Alkoholabhängigkeit ausgerichtet, aber die darin beschriebenen Schritte lassen sich ohne weiteres auch auf die Bedürfnisse von Eltern anwenden, die versuchen, von ihrem endlosen Kampf gegen den seelischen Schmerz loszukommen.

Schritt eins. *Gib zu, daß du deine Kinder unmöglich kontrollieren und für sie denken kannst. Gib zu, daß die Situation jedes Mal unkontrollierbar geworden ist, wenn du die Rolle des lieben Gottes in ihrem Leben spielen wolltest.* Sind die Kinder klein, versteht es sich von selbst, daß wir ihr Verhalten korrigieren und ihnen die Prinzipien gesunden Denkens beibringen müssen. Aber sobald unsere Söhne und Töchter heranwachsen, müssen wir sie aus unserer Kontrolle entlassen. Viele Eltern haben zudem die Erfahrung gemacht, daß sogar dann, wenn wir meinen, alles »richtig« gemacht zu haben, die Dinge sowieso unserer Kontrolle entgleiten.

Schritt zwei. *Akzeptiere die Tatsache, daß Gott der einzige ist, der dich wieder heil machen kann.* Gott ist allmächtig, allweise und allgegenwärtig. Wir sind keines davon, wie sehr wir es auch versuchen wollten. Gott der Allmächtige ist aber auch ein anteilnehmender Vater, dem das Herz weh tut, wenn er sieht, wie wir Väter und Mütter uns abmühen. Darum lädt er uns ein, »alle unsere Sorgen auf ihn zu werfen«.

Schritt drei. *Fasse den Entschluß, alles, was deine Kinder betrifft, bewußt Gott zu überlassen.* Obwohl du weißt, daß »Gott regiert«, willst du die Kontrolle über sie vielleicht noch immer nicht ganz aus der Hand geben. Wie alle anderen Eltern hast auch du deine Träume, deine Hoffnungen und deine Wünsche für die Kinder. Daran ist an sich nichts Verkehrtes, aber es ist Zeit, daß du deine Vorstellungen aufgibst. Bis jetzt hast du Gott vielleicht gesagt, was er tun soll. Aber praktiziere doch von nun ab das schlichte Gebet Jesu: »Dein Wille geschehe.«

Schritt vier. *Erforsche gründlich deine Vater- bzw. Mutterseele.* Gib deine vagen Ängste und Schuldgefühle auf, indem du deine Stärken und Schwächen einander gegenüberstellst. Es ist wichtig, den Heiligen Geist zu bitten, dich an alles zu erinnern, worauf er dich aufmerksam machen möchte. Es ist auch weise, den Herrn um Hilfe zu bitten, um nur seine und keine andere Stimme zu hören. In einem Prozeß wie diesem tritt Satan, auch »Verkläger der Brüder« genannt, auf den Plan und flüstert uns Gedanken der Selbstanklage ins Ohr. Bitte den Herrn, ihn zum Schweigen zu bringen, während du dir Klarheit darüber verschaffen willst, wie es mit dir und deiner Aufgabe als Vater oder als Mutter bestellt ist.

Schritt fünf. *Gestehe Gott, dir selber und einem anderen Menschen ein, daß du dich vollumfänglich mit deinen früheren Fehlern, deinen elterlichen Fehlleistungen und Unzulänglichkeiten identifizierst.* Es ist wichtig, daß du mit einem zuverlässigen Freund über dein neues Verständnis von dir selbst redest. Dann wirst du nicht wieder so schnell die gleichen Fehler machen. Eine andere, nicht weniger wichtige Auswirkung ist, daß du davon abgehalten wirst, dir selber gegenüber unnötig hart zu sein. Weil andere jene Objektivität und Perspektive besitzen, die uns in solchen Situationen verständlicherweise abgeht, können sie unsere Umstände vorurteilsloser beurteilen, als wir selbst.

Schritt sechs. *Stelle dich darauf ein, dein Versagen vor Gott zu bringen und gleichzeitig mit deinem Perfektionismus und deinen unrealistischen Erwartungen aufzuräumen.* Es wäre sicher gut, du würdest dir für deine Tatsachenfindung ein wenig Zeit nehmen. Ein guter Schlaf und ein vernünftiges Gespräch mit einem Freund läßt uns die Dinge meistens in einem anderen Licht sehen. Sich mehr Zeit dafür nehmen hat nichts mit Aufschieben zu tun. Im Gegenteil; wir haben mehr Gelegenheit, unsere Gedanken zu sammeln, unsere Motive zu beurteilen und unser weiteres Vorgehen im Blick auf zukünftige Änderungen zu planen.

Schritt sieben. *Bekenne dem Herrn demütig, wo du als Vater oder Mutter versagt oder gefehlt hast. Bitte ihn um Vergebung und um Wegnahme deines Versagens.* Dieser siebte Schritt ist ein Schritt der Buße. Echte Buße bedeutet Kehrtwendung um 180 Grad, Aufbruch in eine neue Richtung. Auch wenn die Möglichkeit besteht, daß wir wieder versagen, ist es trotzdem wichtig, Gott um Vergebung zu bitten. Wie wir schon gesehen haben, ist er der einzige, der uns wirklich verändern kann - von innen nach außen.

Schritt acht. *Fertige eine Liste jener Dinge an, mit denen du deine Kinder verletzt oder enttäuscht hast. Fasse auch wenn nötig eine Wiedergutmachung ins Auge.* Manchmal will uns dabei der Gedanke kommen: »Aber sieh doch nur, was mein Kind mir angetan hat!« Hier geht es nicht ohne volle Vergebungsbereitschaft, und vergiß dabei nicht, daß du so vergeben sollst, wie der Herr dir vergeben hat! Was eine Wiedergutmachung betrifft, müssen wir abwägen, inwieweit sie sich auch wirklich als Hilfe für die anderen erweist. Im AA-Programm heißt es in bezug auf eine Wiedergutmachung: Wir wollen voll dazu stehen, auf welche Weise wir Schaden angerichtet haben, »außer jemand würde dadurch verletzt«.

Schritt neun. *Leiste bei deinen Kindern Wiedergutmachung für die Vergangenheit durch gegenseitige Aussprache, verändertes (besseres) Verhalten sowie durch Rückerstattung, soweit du eine solche für angebracht hältst.* Dabei sollten wir unbedingt darauf achten, daß wir keine Überkompensation leisten. In diese Versuchung kommen wir vor allem dann, wenn wir unser Verhalten solchen Personen gegenüber zutiefst bedauern, die uns besonders lieb und wert sind. Da wir hier von einer Wiedergutmachung unseren Kindern gegenüber sprechen, mit denen wir ja für den Rest unseres Lebens mehr oder weniger in Verbindung bleiben, sollten wir uns wohlweislich auf ein besseres Morgen konzentrieren, anstatt das unglückliche Gestern zu beklagen.

Schritt zehn. *Denke an deine früheren Verhaltensmuster, beobachte dein eigenes Verhalten und reagiere unverzüglich, wenn du merkst, daß du wieder in alte, unselige Gewohnheiten verfällst.* Je älter wir werden, desto eingefleischter sind unsere Gewohnheiten. Niemand ist vollkommen. Wir alle neigen dazu, dann und wann beim Versuch, eine bessere Beziehung zu unseren Söhnen und Töchtern aufzubauen, zurückzufallen. Erwarte weder von dir noch von deinen Kindern Perfektion. Zögere andererseits aber auch nicht, wieder auf den richtigen Weg zurückzukommen.

Schritt elf. *Suche eine tiefere Beziehung zu Gott. Bitte ihn, dir seinen Willen zu zeigen.* Bemühe dich gleichzeitg darum, für deine Kinder ein Vorbild im Glauben zu werden. Dabei darfst du nicht vergessen, daß sie in Glaubenssachen ihre eigenen Entscheidungen treffen müssen. Wenn sie deinen christlichen Lebensstil oder gar deine biblischen Werte ablehnen, soll das nichts an deiner Freundschaft zu ihnen ändern. Denke daran, in der Bibel heißt es: »Die Liebe deckt eine Menge Sünden zu.«

Schritt zwölf. *Suche Kontakt zu anderen Eltern, um ihnen in ihrer Situation Verständnis und Hilfsbereitschaft zu bekunden.* Je mehr du dich darin übst, um so besser wirst du deine eigenen Stürme überstehen und anderen gestreßten Eltern gute Hilfe leisten können.

Gerade im Zusammenhang mit Schritt zwölf wollen wir uns an das eindrückliche Gebet von Franz von Assisi erinnern und es uns zu eigen machen, wenn wir für unsere Kinder, die wir von Herzen lieben, beten.

Herr, mach mich zu einem Werkzeug Deines Friedens!
Wo Haß ist - laß mich Liebe säen;
wo Unrecht ist - Vergebung;

wo Zweifel ist - Hoffnung;
wo Dunkelheit ist - Licht;
wo Traurigkeit ist - Freude.
O göttlicher Meister, hilf, daß ich nicht suche,
getröstet zu werden - sondern zu trösten;
verstanden zu werden - sondern zu verstehen;
geliebt zu werden - sondern zu lieben.
Denn im Geben empfangen wir.
Im Vergeben wird uns vergeben.
Im Sterben werden wir zum ewigen Leben geboren.

Kapitel 10

Etwas für deine Gesundheit!

Eine lebenslange Dosis Friede

Stellen wir uns einmal das Bild einer etwas verslumten City vor: Graffitis überall an den Häuserwänden, Menschen hasten auf den Trottoirs, Autos brausen über die Fahrbahnen, weggeworfener Abfall in den Rinnsteinen. Und natürlich darf auch der Straßenprediger aus eigenen Gnaden nicht fehlen: mit langem, weißem Rock und einem großen Schild vor dem Bauch mit der Aufschrift: »Tut Buße! Das Ende der Welt ist nahe!«

Würde ich hinter ihm herlaufen, stände auf meinem Plakat:

Das Ende ist nicht nahe.
Du mußt lernen zu überleben!

Wichtig ist für uns Eltern die Erkenntnis, daß »das Ende« für uns nicht einfach hinten um die Ecke eines langen, mühevollen Weges ist. Was Elternschaft betrifft, bekommt der Ausdruck »bis uns der Tod scheidet« einen neuen, ernüchternden Sinn. Für uns als gestreßte Mamas und Papas kann das Ziel bestimmt nicht darin bestehen, die Sache schlechthin »hinter uns zu bringen«. Unser Ziel muß sein, sie echt zu bewältigen, sie erfolgreich zu überleben - eine göttliche Aufgabe, welche Herausforderung und Lohn zugleich ist. Gott erwartet von uns, daß wir unsere Probleme meistern und dann als Menschen dastehen, die in Charakter und Persönlichkeit gereift sind.

Wir können mit Gottes Vergebung rechnen

Aus dem Wort Gottes wissen wir, daß Gott uns trotz unseres Versagens und trotz unserer Torheit immer noch liebt, sind wir doch seine eigenen Kinder. Unnötig zu sagen, daß er unsere Söhne und Töchter ebenso liebt wie uns. Was empfindet er also, wenn das Tun eines seiner Kinder lauter spricht als seine gutgemeinten Worte? Zuckt der Vater im Himmel einfach uninteressiert mit den Achseln? Nein; die Heilige Schrift beschreibt uns Gott als ein Wesen, das tiefe Gefühle kennt, und welche Gefühle sind es, die ihn erfüllen? Enttäuschung? Zorn? Entmutigung?

Die Bibel zeigt uns, daß Gott auf verschiedenste Weise auf das absurde Verhalten der Menschheit reagiert. Er äußert sogar Reue darüber, daß er solchen undankbaren Geschöpfen, wie wir Männer und Frauen es manchmal sind, seine Liebe erwiesen hat. Aber ein Gefühl ist ihm völlig unbekannt: nie fühlt er sich schuldig, nie hat er das Gefühl: »Ich habe bei diesem Kind wahrscheinlich versagt.«

Unser himmlischer Vater hat wirklich für alles gesorgt, damit wir alles haben, um gehorsame Kinder zu sein - Kinder, die seine Freude, sein Stolz, seine Zierde sind. Er hat »uns alles geschenkt, was wir für ein Gott wohlgefälliges Leben brauchen«, sagt die Bibel. Nichts von allem, was wir brauchen, hat er weggelassen. Wir Kinder Gottes haben alles Nötige, um ein lebenswertes, erfülltes Leben zu führen. Er weiß, daß er sein Bestes getan hat, und das übrige (die Wahl und die Entscheidungen, die wir treffen) liegt ausschließlich bei uns.

Angesichts der Großzügigkeit unseres himmlischen Vaters uns gegenüber (und angesichts der Art und Weise, wie wir ihm manchmal wenig Dank dafür wissen!) ist es kein Wunder, daß Gott versteht, was wir Eltern fühlen! Sicher haben nicht wenige von uns wirklich ihr Bestes für die Kinder gegeben. Auch wenn es in deren Augen ungenügend scheint, haben wir für sie getan, was wir konnten. Wir haben es versucht. Wir haben einige gewonnen, und wir haben einige verloren. Und das übrige haben wir Gott übergeben.

Warum sollten wir uns also schuldig fühlen?

Eine gute Frage. Die Kolumnistin Erma Bombeck hat recht: »Schuld ist das Geschenk, das nicht aufhört zu geben.« Fangen wir erst einmal damit an, unser Schuldgefühl zu nähren, so entwickelt es ein Eigenleben. Wir füttern es mit Reue und bewässern es mit Tränen. Und wie es gedeihen kann! Wir etikettieren uns selber als »schlechte« Mütter bzw. als »versagende« Väter und beklagen unsere »gestörten« Familienverhältnisse.

Und weshalb tun wir uns das selbst an? Bilden wir uns ein, mit Schuldgefühlen etwas abzahlen zu können? Knien wir vor dem Schrein ständigen Bedauerns? Die schlechte Nachricht ist, daß keiner von uns für seine Sünden bezahlen kann. Die gute Nachricht ist, daß die Schuld schon bezahlt ist. Der Preis für unsere Sünden ist auf Golgatha beglichen worden.

Hier noch ein weiteres Rezept für den Fall, daß wir trotzdem noch Schuldanwandlungen haben sollten. Mache im Bedarfsfall ausgiebig Gebrauch davon:

»Immer wenn unser Gewissen uns verurteilt, wissen wir, daß Gott größer ist als unser Gewissen.« (1. Johannes 3,20)

Anstatt auf die Selbstvorwürfe in unserem Innern zu hören, laß uns an die Worte Jesu denken, der gesagt hat:

»Was ich anordne, ist gut für euch, und was ich euch zu tragen gebe, ist keine Last.« (Matthäus 11,30)

Gott hat uns vergeben, und es liegt an uns, seine Vergebung anzunehmen und uns selber zu vergeben. Doch das führt zu einer anderen Frage. Vergibt Gott unseren Kids ebenso, wie er uns vergeben hat? Kann er die Beziehung zwischen sich und ihnen ebenso wiederherstellen, wie er es mit unserer Beziehung zu ihm getan hat? Die Antwort auf beide Fragen lautet klar: ja! Doch manchmal verhalten wir uns so, als würde das, was unsere Kinder getan haben, es ihnen verunmöglichen, den Willen Gottes für ihr Leben jemals wiederfinden zu können.

Ich kann mir beim bestem Willen nicht vorstellen, wie Gott der Vater den Himmelskorridor auf und ab geht, sich an die Stirn faßt und vor sich hin spricht: »Ich kann es einfach nicht glauben, daß er das getan hat! Damit habe ich wirklich nicht gerechnet ... das kam jetzt tatsächlich völlig unerwartet! Ich weiß nicht, was ich machen soll. Er ist doch erst ein Teenager, und nun ist mein ganzer Plan für ihn sabotiert. Die Hände sind mir gebunden ... Ich bin in der Tat gefrustet!«

Mach dir keine Sorgen! Egal, wie sehr wir Eltern versagt haben, egal, wie stark sich das »Verlorene Sohn«-Syndrom im Leben unserer Kinder zeigt - sei versichert, daß es keine schlechte Gewohnheit, keinen Vorfall, keine Enttäuschung und keine Entscheidung gibt, die einen Menschen auf die Dauer davon abhalten kann, letztlich doch den Willen Gottes in seinem Leben zu tun. Der Plan, den Gott für das Leben deines verlorenen Sohnes hat, kann wieder voll in Kraft treten. Es besteht jeder Grund zu glauben, daß Gott die Trümmerstücke eines Lebens wieder zusammenfügen und daraus etwas machen kann, das besser ist, als was früher gewesen ist. Gott ist imstande, alles, was unsere Vergangenheit betrifft, zu unserem Besten zu wenden. Sollte er für unsere Kinder etwa weniger tun? Ruth Graham schreibt in *Sitting by My Laughing Fire*:

Ich denke, Herr, es ist schwerer,
die Lasten derer, die ich liebe,
auf Dich zu werfen,
als meine eigenen.
Werden wir älter,
begreifen wir wenigstens,
daß Du gnädig und freundlich bist.
Nicht ein einziges Mal
hast du mich verlassen;
Herr -
warum soll ich fürchten,
Du verläßt die Meinen?

Wir können segnen und gesegnet werden

Es hat mir immer Spaß gemacht, in einer musikalischen Komödie mitzuwirken. Als ich einmal bei einer Aufführung von Anatevka (The Fiddler on the Roof) die Rolle von Golda spielte, fiel mir etwas Interessantes im Skript auf. Während die Kinder von Rebbe Tevye heranwuchsen, forderten sie ihren Vater immer wieder heraus. Und als sie dann erwachsen waren, wollten sie ihn nicht mehr wie früher für alles um Erlaubnis bitten. Seine älteste Tochter, die heiraten wollte, machte ihm eines Tages klar: »Papa, wir werden dich nicht um deine Zustimmung bitten; aber wir möchten deinen Segen.«

Vor Jahren war es zwischen Hal und seinem Vater zu einer ernsthaften theologischen Meinungsverschiedenheit gekommen. Die Folge war ein Zerwürfnis in der Familie. Im Prinzip hatte der ältere Ezell recht gehabt, aber das wußte Hal damals nicht. Jahre später nahm sich mein Mann vor, das Zerwürfnis zu beenden. Er suchte eines Sonntags seinen Vater auf und sagte zu ihm: »Dad, ich möchte gerne deinen Segen.«

Dad war während Jahrzehnten Pastor gewesen, und in derselben Weise, wie er Tausende von Gemeindebesuchern gesegnet hatte, legte er in tiefem Ernst seine Hände auf Hals Haupt und betete um den Segen Gottes. Er verriet keinerlei Gefühlsregung. Er vergoß nicht eine Träne. Doch seine Geste berührte Hal und mich tief. Jedes Kind kann um einen elterlichen Segen bitten. Auch wenn es dabei innerlich nicht so tief berührt werden sollte wie wir damals, ist eine solche Handlung nach Hals und meiner Überzeugung keineswegs ohne Bedeutung.

Tatsächlich sollten wir unseren Kindern die Möglichkeit bieten, unseren Segen zu empfangen. Wir müßten nur einen Weg finden, wie wir sie trotz ihres Verhaltens segnen können, so wie uns unser Vater im Himmel ja auch trotz unseres Verhaltens segnet. Um sie zu lieben, ist es schließlich gar nicht nötig, daß wir mit ihnen in allem einverstanden oder auf unsere Söhne und Töchter stolz sind.

Auch wenn Gott der Vater nicht immer stolz auf uns ist, hört er doch nicht auf, uns zu lieben. Jesus fordert uns auf: »Liebt einander so, wie ich euch geliebt habe.« Gott hat uns schon geliebt, als wir noch nicht seine Kinder waren! Er wollte mit seiner Liebe nicht abwarten, bis wir demütig genug wären. Er wartete damit auch nicht, bis wir ihn inständig darum baten. Wir waren »tot in Sünden und Übertretungen«, als er seine Hand zu uns ausstreckte. Und jetzt redet er zu uns geplagten und gestreßten Eltern und lehrt uns, das gleiche zu tun wie er. Er verspricht uns seine Hilfe, wenn er sagt: »Und das sollt ihr wissen: ich bin immer bei euch, jeden Tag.« (Matthäus 28,20)

Wir können frei von Ängsten sein

Wir haben von der Last der Schuld gesprochen, aber es gibt noch einige andere schwere Lasten, die uns nach unten drücken können. Vielleicht hast du deinen Kindern vergeben und ihnen deinen Segen gegeben. Aber machst du dir immer noch unnötige Sorgen wegen ihnen? Dann überlege doch einmal: Wie viele von den Dingen, die du im Blick auf deine Söhne und Töchter befürchtet hattest, sind eingetroffen? Und was hast du bei denjenigen Dingen, die wirklich schiefgelaufen sind, mit deinem Sorgen ändern können? Vielleicht siehst du die Weisheit, die sich in einer Unterhaltung zwischen Corrie ten Boom und ihrem alternden Vater zeigt.

Als junges Mädchen in Holland während des 2. Weltkrieges machte sich Corrie darüber Gedanken, wie sie sich verhalten müßte, falls die Soldaten der Nazi-Wehrmacht ihr kleines Dorf besetzten. Um sie zu beruhigen, fragte ihr Vater sie: »Corrie, wenn ich dich zum Bahnhof bringe, wann gebe ich dir dann die Fahrkarte?«

»Wenn der Zug einfährt«, erwiderte die Tochter etwas verwirrt.

»Ah«, belehrte Papa sie, »und Gott macht es auch so!«

Was Corrie von der Gnade Gottes erzählte, die sie inmitten des Holocaust erlebte, spricht Bände - so wunderbar hat Gott Augenblick um Augenblick für sie gesorgt. Wir können sicher sein: Gott wird auch uns die »Gnaden-Fahrkarte« zu dem Zeitpunkt geben, wo wir sie brauchen - und möglicherweise keinen Augenblick früher.

Anna Hayford, die Frau von Dr. Jack Hayford, erzählte: »Als mir plötzlich bewußt wurde, daß Gott sich nicht nur um unsere Kinder kümmert, sondern ganz persönlich auch um uns gestreßte Eltern, da kam ein tiefer Friede, eine große Ruhe in mich hinein. Laßt uns das nicht vergessen!«

In einem bekannten Song heißt es: »Don't worry ... be happy.« Biblisch gesagt, würde es heißen: »Macht euch keine Sorgen, sondern wendet euch in jeder Lage an Gott und bringt eure Bitten vor ihn ... « (Philipper 4,6). Wir dürfen ihm zutrauen, daß er das Kind, das wir ihm anbefehlen, auch bewahren kann.

Du kannst sicher sein,
Gott wird die Kinder der Gerechten erretten.
(Sprüche 11,21; engl.TLB-Übers.)

Was auch immer geschieht, denke daran, was uns Gottes Wort über Daniel und seine Freunde sagt, nachdem sie in den Feuerofen des babylonischen Königs geworfen worden waren. Es waren »vier, die im Feuer umhergehen ... Der vierte sieht aus wie ein Engel« (Daniel 3,25). Jesus selbst ist bei dir, und obwohl du mitten im heißen Feuerofen bist, werden dich die Flammen nicht verbrennen.

Wir können ohne Aufhören beten

Es hat keinen großen Sinn, an dieser Stelle noch ein Wort über Geduld zu verlieren, haben doch die meisten von uns inzwischen mehr als genug darüber gehört, wie notwendig es ist, daß wir »auf den Herrn warten«. Warten, das heißt einfach, den Glauben wachsen lassen, das Vertrauen vertiefen. Warten heißt nicht, nichts tun, sich durch hoffnungslose Resignation lähmen lassen. Es ist vielmehr eine Zeit, wo wir innerlich aktiv werden und bitten, suchen und im Gebet anklopfen. Sind unsere Kinder wirklich hoffnungslose Fälle? Nicht, solange wir auf unseren Knien vor dem Thron Gottes liegen und in unserem Herzen die Hoffnung für sie nähren.

Bedenke die Worte von John White in *Parents in Pain*:

»Wir müssen mit unseren Problemen zu Gott gehen und in seiner Gegenwart warten. Wir sollen ihm alle unsere Sorgen sagen. Wir sollen ihm sagen, daß wir nicht mehr durchblicken. Wir sollen ihm sagen, daß wir wohl wissen, daß er hört, aber daß wir nicht begreifen, was vor sich geht.

Gott macht sich nie lustig über Menschen, die sich auf diese Weise zu ihm nahen. Er ist geduldig und freundlich. Er nimmt sich Zeit für uns. Gelegentlich zögert er nicht, Licht in einer Sache zu geben, aber noch öfter ist es ein langsamer Prozeß. Er möchte, daß wir mehr über ihn erfahren. Genau die Probleme, die wir zu ihm bringen, dienen als Grundlage für die Lektion, die Veränderungen bei uns selbst schaffen. Unsere Schau von ihm wird größer, und das Ziel, das wir für unsere Kinder erstreben, tritt uns deutlicher vor die Augen.«

Oswald Chambers drückt es so aus: »Wenn ich nicht weiß, wie und was, erweist sich der Glaube als eine bewußte Hingabe an eine Person, anstatt als ein verstandesmäßiges Begreifen.« Du weißt nicht, wie es mit deinen Kindern weitergehen soll? Das Wie oder das Wann brauchst du auch nicht zu wissen, ebensowenig die Art und Weise, wie ihr Leben verändert werden wird.

Auf die Rezepte des Großen Arztes können wir uns verlassen

Gestreßte Eltern haben allen Grund zu glauben, daß sie wiederhergestellt werden. Dazu müssen wir auf uns selbst acht geben, negative Einflüsse meiden und für positive Unterstützung offen sein. Auch wenn wir noch nicht das Geheimnis des bedingungslosen Liebens erfaßt haben, gilt es, an uns zu arbeiten, langsam zum Zorn und schnell zum Vergeben zu sein. Wir gehen davon aus, daß wir mit Gott an der Seite, der unser Vorbild ist, nie unsere Nachkommen vergessen werden.

Macht sich das nächste Mal wie eine chronische Krankheit wieder das Gefühl elterlichen Ungenügens bemerkbar, dann vergiß das Folgende nicht - es sind erprobte Heilmittel:

1. Dieses Kind war Gottes Idee.
2. Dieses Kind hält den Schlüssel zu seinem Glück selber in der Hand.
3. Eltern sind gegenüber dem Kind verantwortlich, aber nicht für das Kind.
4. Das »Verlorene Sohn«-Syndrom ist gar nicht so aussichtslos, wie du denkst.
5. Die Weisheit sagt: »Laß sie ernten, was sie säen.«
6. Lerne, loszulassen ... und nimm!

Nehmen wir doch unsere Medizin ein, damit die Heilung gefördert wird, ebenso die Stärkungsmittel, damit unser Durchhaltewille aufgebaut wird. Nehmen wir bewußt den Kampf gegen einen Virus auf, der uns mit Schuldgefühlen und Selbstverdammung infizieren will. Lassen wir uns ein paar geistliche Substanzen einspritzen, damit wir wiederhergestellt und neu gestärkt das überleben, was man als Erfahrung der Elternschaft bezeichnen kann. Und noch etwas wollen wir tun: wir prägen uns die nachstehenden Rezepte des Großen Arztes in Herz und Sinn ein, Rezepte, die allen seufzenden, gestreßten Eltern Erleichterung und Wiederherstellung verschaffen.

Zornig?

»Versündigt euch nicht, wenn ihr in Zorn geratet, und versöhnt euch wieder miteinander, bevor die Sonne untergeht. Sonst bekommt der Teufel Macht über euch.« (Epheser 4,26-27)

»Von ihm [Jesus] heißt es: Er hat kein Unrecht getan; nie ist ein unwahres Wort aus seinem Mund gekommen. Wenn er beleidigt wurde, gab er es nicht zurück, drohte nicht mit Vergeltung, sondern vertraute darauf, daß Gott ihm zu seinem Recht verhelfen würde.« (1. Petrus 2,23)

»Weg also mit aller Verbitterung, mit Aufbrausen, Zorn und jeder Art von Beleidigung. Schreit nicht einander an. Legt jede feindselige Gesinnung ab.« (Epheser 4,31)

»Seid auf der Hut ... daß nicht jemand unter euch wie eine giftige Wurzel ausschlägt und viele vergiftet.« (Hebräer 12,15)

Untröstlich?

»Macht euch keine Sorgen, sondern wendet euch in jeder Lage an Gott und bringt eure Bitten vor ihn. Tut es mit Dank für das Gute, das er euch schon erwiesen hat. Der Friede Gottes, der alles menschliche Begreifen weit übersteigt, wird euer

Denken und Wollen im Guten bewahren, weil ihr mit Jesus Christus verbunden seid.« (Philipper 4,6-7)

Ängstlich?

»Fürchte dich nicht, ich stehe dir bei! Hab keine Angst, ich bin dein Gott! Ich mache dich stark, ich helfe dir, ich schütze dich mit meiner siegreichen Hand.« (Jesaja 41,10)

»Denn der Geist, den Gott uns gegeben hat, macht uns nicht zaghaft, sondern gibt uns Kraft, Liebe und Besonnenheit.« (2.Timotheus 1,7)

Sich vergessen fühlen?

»Bringt eine Mutter es fertig, ihren Säugling zu vergessen? Hat sie nicht Mitleid mit dem Kind, das sie geboren hat? Und selbst wenn sie es vergessen könnte, ich vergesse euch nicht! ... Ich habe dich unauslöschlich in meine Hände gezeichnet.« (Jesaja 49,15-16)

»Werft euer Vertrauen nicht weg; denn eine große Belohnung wartet auf euch.« (Hebräer 10,35)

»Was Gott versprochen hat, ist für euch und eure Kinder bestimmt und für alle, die jetzt noch fern sind und die der Herr, unser Gott, hinzurufen wird.« (Apostelgeschichte 2,39)

»Ich gieße meinen Lebensgeist über dich aus, damit du wachsen und gedeihen kannst. Deine Nachkommen werden aufschießen wie Gras, wie Pappeln an Wassergräben.« (Jesaja 44,3)

Für einen verlorenen Sohn beten?

»Da richtete er [der tot war] sich auf und fing an zu reden, und Jesus gab ihn seiner Mutter zurück.« (Lukas 7,15)

»Für Gott ist nichts unmöglich.« (Lukas 1,37)

»Eine kanaanitische Frau, die dort wohnte, kam zu ihm und rief: Herr, du Sohn Davids, hab Erbarmen mit mir! Meine Tochter wird von einem bösen Geist sehr geplagt ... Aber die Hunde bekommen doch wenigstens die Brotkrumen, die vom Tisch ihrer Herren herunterfallen. Da sagte Jesus zu ihr: Du hast ein großes Vertrauen, Frau! Was du willst, soll geschehen.« (Matthäus 15,22.27-28)

»Auch den, der schuldig wurde, rettet er; wenn deine Hände rein sind, wird er frei.« (Hiob 22,30)

Alleinerziehend?

»Vater der Waisen, Beistand der Witwen - das ist Gott in seiner heiligen Wohnung!« (Psalm 68,5)

»Möge dein Vater sich freuen und deine Mutter! Die dich geboren hat, möge frohlocken!« (Sprüche 23,25 - Zürcher Bibel)

Sich von Gott abgeschnitten fühlen?

»Ich bin gewiß, daß uns nichts von dieser Liebe trennen kann: weder Tod noch Leben, weder Engel noch andere Mächte, weder Gegenwärtiges noch Zukünftiges, weder etwas im Himmel noch etwas in der Hölle. Durch Jesus Christus, unseren Herrn, hat Gott uns seine Liebe geschenkt. Darum gibt es in der ganzen Welt nichts, was uns jemals von Gottes Liebe trennen kann.« (Römer 8,38-39)

»Verstecke ich mich in der Totenwelt - dort bist du auch ... Auch dort wird deine Hand nach mir greifen, auch dort läßt du mich nicht los.« (Psalm 139,8.10)

Schwach im Glauben?

»Du darfst dich freuen, denn du hast geglaubt, daß die Botschaft, die der Herr dir sagen ließ, in Erfüllung geht.« (Lukas 1,45)

»Darum heißt es: Wer ihm vertraut, wird nicht untergehen.« (Römer 10,11)

»Ich sage dir noch einmal: Sei tapfer und entschlossen! Laß dich durch nichts erschrecken und verliere nie den Mut; denn ich, der Herr, dein Gott, bin bei dir, wohin du auch gehst!« (Josua 1,9)

»Gott vertrauen heißt: sich verlassen auf das, was man hofft, und fest mit dem rechnen, was man nicht sehen kann.« (Hebräer 11,1)

Auf der Suche nach Wahrheit?

»Nichts macht mich glücklicher, als zu hören, daß meine Kinder der Wahrheit gemäß leben.« (3. Johannes 1,4)

»Dann werdet ihr die Wahrheit erkennen, und die Wahrheit wird euch frei machen.« (Johannes 8,32)

»Wenn der Sohn Gottes euch frei macht, dann seid ihr wirklich frei.« (Johannes 8,36)

»Wer mit Christus verbunden ist, braucht das Strafgericht Gottes nicht mehr zu fürchten.« (Römer 8,1)

Ungeliebte Mama?

»Ihre Kinder sind stolz auf sie, und ihr Mann lobt sie ... Ihre Mühe darf nicht unbelohnt bleiben: für das, was sie leistet, soll die ganze Stadt sie ehren.« (Sprüche 31,28.31)

»Wer mit Tränen sät, wird mit Freuden ernten.« (Psalm 126,5)

»Alle deine Söhne werden vom Herrn gelehrt, und der Friede deiner Kinder wird groß sein.« (Jesaja 54,13; engl. NIV-Übers.)

Unter Lasten seufzen?

»Kommt doch zu mir; ich will euch die Last abnehmen! ... Stellt euch unter meine Leitung und lernt bei mir; dann findet euer Leben Erfüllung. Was ich anordne, ist gut für euch, und was ich euch zu tragen gebe, ist keine Last.« (Mat. 11,28-30)

»Wirf deine Last ab; übergib sie dem Herrn; er selber wird sich um dich kümmern! Niemals läßt er den im Stich, der ihm die Treue hält.« (Psalm 55,23)

Unzufrieden?

»Wenn Gott sogar die Feldblumen so ausstattet, die heute blühen und morgen verbrannt werden, wird er sich dann nicht erst recht um euch kümmern? Habt doch mehr Vertrauen! Macht euch also keine Sorgen! ... Quält euch nicht mit Gedanken an morgen; der morgige Tag wird für sich selber sorgen.« (Matthäus 6,30.34)

»Sorgt euch zuerst darum, daß ihr euch seiner Herrschaft unterstellt und tut, was er verlangt, dann wird er euch schon mit all dem anderen versorgen.« (Matthäus 6,33)

»Hängt nicht am Geld, und seid zufrieden mit dem, was ihr habt. Gott hat gesagt: Niemals werde ich dir meine Hilfe entziehen, nie dich im Stich lassen. Wir wollen zuversichtlich sagen: Der Herr steht mir bei; nun fürchte ich nichts mehr. Was könnte ein Mensch mir schon tun?« (Hebräer 13,5-6)

Beinahe am Aufgeben?

»Wir möchten nicht, daß ihr nachlässig werdet. Nehmt euch ein Beispiel an denen, die Vertrauen und Geduld festgehalten haben und darum empfangen werden, was Gott versprochen hat.« (Hebräer 6,12)

Und ein letztes Wort . . .

»Wir wollen nicht müde werden zu tun, was gut und recht ist. Wenn die Zeit da ist, werden wir auch die Ernte einbringen; wir dürfen nur nicht aufgeben.« (Galater 6,9)

Dynamis Bücher erhalten Sie in Ihrer Buchhandlung oder bei: